Fixstern im Kopf: Ziele setzen, Ziele erreichen

Philipp Plugmann

Fixstern im Kopf: Ziele setzen, Ziele erreichen

Transformation des Mindsets

Philipp Plugmann
Interdisziplinäre Parodontologie und Prävention
SRH Hochschule für Gesundheit
Leverkusen, Deutschland

ISBN 978-3-662-63545-2   ISBN 978-3-662-63546-9 (eBook)
https://doi.org/10.1007/978-3-662-63546-9

Die Deutsche Nationalbibliothek verzeichnet diese Publikation in der Deutschen Nationalbibliografie; detaillierte bibliografische Daten sind im Internet über http://dnb.d-nb.de abrufbar.

© Der/die Herausgeber bzw. der/die Autor(en), exklusiv lizenziert durch Springer-Verlag GmbH, DE, ein Teil von Springer Nature 2021
Das Werk einschließlich aller seiner Teile ist urheberrechtlich geschützt. Jede Verwertung, die nicht ausdrücklich vom Urheberrechtsgesetz zugelassen ist, bedarf der vorherigen Zustimmung der Verlage. Das gilt insbesondere für Vervielfältigungen, Bearbeitungen, Übersetzungen, Mikroverfilmungen und die Einspeicherung und Verarbeitung in elektronischen Systemen.
Die Wiedergabe von allgemein beschreibenden Bezeichnungen, Marken, Unternehmensnamen etc. in diesem Werk bedeutet nicht, dass diese frei durch jedermann benutzt werden dürfen. Die Berechtigung zur Benutzung unterliegt, auch ohne gesonderten Hinweis hierzu, den Regeln des Markenrechts. Die Rechte des jeweiligen Zeicheninhabers sind zu beachten.
Der Verlag, die Autoren und die Herausgeber gehen davon aus, dass die Angaben und Informationen in diesem Werk zum Zeitpunkt der Veröffentlichung vollständig und korrekt sind. Weder der Verlag noch die Autoren oder die Herausgeber übernehmen, ausdrücklich oder implizit, Gewähr für den Inhalt des Werkes, etwaige Fehler oder Äußerungen. Der Verlag bleibt im Hinblick auf geografische Zuordnungen und Gebietsbezeichnungen in veröffentlichten Karten und Institutionsadressen neutral.

Springer ist ein Imprint der eingetragenen Gesellschaft Springer-Verlag GmbH, DE und ist ein Teil von Springer Nature.
Die Anschrift der Gesellschaft ist: Heidelberger Platz 3, 14197 Berlin, Germany

Geleitwort

„Wer Visionen hat, sollte zum Arzt gehen", das ist wohl das bekannteste Zitat des ehemaligen Bundeskanzlers Helmut Schmidt. Über den Sinn dessen Inhalts mag man zu Recht geteilter Meinung sein, jedoch hat es der Autor dieses Werkes, Prof. Dr. Dr. Plugmann, wie kaum ein anderer geschafft, Visionen am Ende auch in Taten umzusetzen – und Arzt ist er dabei auch geworden. Ich kenne Prof. Plugmann seit über zehn Jahren und wir sind mittlerweile auch sehr gut miteinander befreundet. Jedoch bin ich immer wieder aufs Neue erstaunt, wie viele berufliche Herausforderungen er parallel über lange Zeiträume hinweg konsequent verfolgt und meistert: Arbeit in der eigenen Zahnarztpraxis, Professur, Unternehmensberatung, dritte Promotion, Veröffentlichung von Büchern … Das sind alles jeweils eigentlich Vollzeitjobs! Toll an ihm ist auch, dass er dafür nicht etwa in einem Keller lebt, sondern auch ein erfolgreiches Familienleben führt.

Möchten Sie endlich Ihr volles Potenzial entfalten und sich dabei nicht mehr von unnötigen Störungen und Bedenken ablenken lassen? Dann ist das vor Ihnen liegende Buch genau das richtige für Sie. Prof. Plugmann teilt darin mit, wie er seine Visionen verfolgt, diese in konkrete Ziele übersetzt, umsetzt und wie Sie seine Denkmuster für Ihre Herausforderungen übernehmen und anpassen können.

Lassen Sie sich von Prof. Plugmanns Denkmuster inspirieren! Ich wünsche Ihnen viel Erfolg bei der Lektüre dieses Werkes und der Umsetzung der darin befindlichen Handlungsempfehlungen.

www.glauner.info

Regensburg, Deutschland Patrick Glauner
Juni 2021

Vorwort Prof. Dr. Dr. Plugmann

Achtung! Dieses Buch ist brandgefährlich und ansteckend!! Es könnte sein, dass es Sie und Ihre Power voll entflammt. Eine der Hauptnebenwirkungen dieses Buches besteht darin, dass Sie möglicherweise Ihr volles Potenzial entfalten. Im schlimmsten Fall übernehmen Sie volle Führung und Verantwortung für das Setzen und Erreichen Ihrer Ziele und geben ab jetzt für sehr lange Zeit Vollgas. Das kann in einen chronischen Zustand übergehen. Sie sollten darauf vorbereitet sein, mit immer wiederkehrenden Erfolgserlebnissen umzugehen.

Freunde, Familie, Lehrer, Trainer, Mitschüler und Dozenten – was durfte ich mir in den letzten Jahrzehnten anhören. Immer gab es Menschen, die es nur gut mit mir meinten. Mein Potenzial sei begrenzt, das würde ich nicht schaffen und den Rat doch bitte realistisch zu sein, waren einige exemplarische lieb gemeinte Empfehlungen für mein Leben. Das prallte an mir ab und aufgeben war nie ein Thema – warum auch, die Zukunft war noch nicht geschrieben. Und so mach ich mein Ding, bin eine permanente Lern- und Arbeitsmaschine und werde jedes Jahr noch einen drauflegen.

Liebe Leserinnen, liebe Leser, lassen Sie sich bitte nicht einreden, sie könnten irgendetwas nicht lernen, gründen oder erreichen. Sie können es. Die Voranalyse, Organisation und Umsetzung sind entscheidend. Dabei ist Zeit eine Ihrer Trümpfe. Der Erfolg seinen Fixstern zu erreichen, liegt in uns allen, wir haben uns nur das mentale Denkmodell aufsetzen lassen, wir würden in eine bestimmte Schublade passen – das ist eine konstruierte Illusion. Das Gehirn kann alles lernen und der menschliche Wille alles umsetzen und erschaffen, Sie brauchen sich nur in Ruhe in der Welt umzuschauen. Ich werde versuchen, Sie mit Erfahrungen, Anekdoten und ein wenig Wissenschaft zu unterstützen, damit Sie dauerhaft Ihr volles Potenzial entfachen können. Let's go!

Bedanken möchte ich mich für das Geleitwort bei Prof. Dr. Patrick Glauner, einem der jüngsten Professoren in Europa für Künstliche Intelligenz, bei Frau Prof. Dr. Sabrina Krauss und Frau Assina Müller für Ihre Gastbeiträge. Besonders danke ich Frau Marion Krämer, Frau Janina Tschech und Frau Margot Schlomski vom Springer Gabler Verlag für die konstruktive Unterstützung.

Nordrhein-Westfalen, Deutschland　　　Philipp Plugmann

Inhaltsverzeichnis

1	**Der Startschuss zum Fixstern**	1
	1.1 Erfolg bedeutet Wachsen wie ein Baum	17
	1.2 Die besten 10 %	24
	1.3 Der neue Trainer	28
	1.4 Die Schriftform.....................	31
	1.5 Gedankliche Flexibilität................	34
	Literatur	38
2	**Transformation des Mindsets**	41
	2.1 Einstellung und Ziele setzen	42
	2.2 Sich hohe Ziele setzen	46
	2.3 Selbstmotivation und Belastbarkeit	51
	2.4 Gute Rahmenbedingungen und der persönliche Traum	55
	2.5 Langzeitrennen	62
	Literatur	67
3	**Zeit**.....................................	69
	3.1 Zeitschutz – das goldene Wochenende.....	70
	3.2 Zeitsäge aktivieren....................	77
	3.3 Innovation durch das individuelle Zeitflussdiagramm.....................	79

- 3.4 Hyperaktivität 88
- 3.5 Das Netzwerk gestalten 101
- Literatur 108

4 Wettbewerb annehmen und Vollgas geben 111
- 4.1 Sporterfahrungen und beruflicher Wettbewerb 112
- 4.2 Gastkommentar Assina Müller „(Mannschafts-)Sport in Jugendjahren härtet ab" (Ehemalige Handball-Bundesligaspielerin, Masterstudentin und Physiotherapeutin, B. Sc.) 117
- 4.3 Prinzip der höchsten Dringlichkeit 120
- 4.4 Fachexpertise gewinnt: Kenntnis der Produkte und Dienstleistungen 123
- 4.5 Gastbeitrag RESILIENZ von Prof. Dr. Sabrina Krauss, SRH Hochschule in Nordrhein Westfalen 127
  - 4.5.1 Resilienz 127
- Literatur 132

5 Die Entscheidung für den persönlichen Innovationsprozess 135
- 5.1 Die 95/5-Regel 136
- 5.2 Disziplin und Kontinuität 138
- 5.3 Das nächste Ziel: Nichts ist älter als der Erfolg von gestern! 151
- 5.4 Jetzt hängt alles von Ihnen ab – geben Sie Vollgas! 153
- Literatur 156

Zum Autor

Philipp Plugmann ist seit dem 1. Februar 2020 Professor für Interdisziplinäre Parodontologie und Prävention im Bachelorstudiengang Dental Hygienist am Campus Leverkusen der SRH Hochschule für Gesundheit. Nach dem Studium der Zahnmedizin an der Universität zu Köln und dem Staatsexamen im Jahr 2000 promovierte er 2005, berufsbegleitend zur Praxisgründung, an der Universitätsklinik Köln in der Abteilung für Mund-, Kiefer- und Gesichtschirurgie. Zusätzlich schloss er berufsbegleitend 2013 das mehrjährige Promotionsstudium in Medizinischen Wissenschaften an der Privaten Universität des Fürstentums Liechtenstein (UFL) ab.

Er besitzt einen Master of Science in Parodontologie und Implantattherapie der Deutsche Gesellschaft für Parodontologie (DGParo), Master of Business Administration mit Schwerpunkt Health Care Management und Master of Science in Business Innovation (beide EBS Universität für Wirtschaft und Recht). Insgesamt hat er in den Bereichen Zahnmedizin, Innovation und Technologie 80 Publikationen veröffentlicht und 7 deutsch- und englischsprachige Bücher herausgegeben. Seine Bücher wurden positiv benannt von CISCO, einem großen US-amerikanischen Technologieunternehmen, dem Bundesverband Mittelständische Wirtschaft (BVMW) und einem langjährigen Professor im Bereich Innovation der US-amerikanischen Elite-Universität Berkeley. Sein zweites Buch 2018 „Innovationsumgebungen gestalten" im Springer Gabler Verlag hatte in den ersten 30 Monaten über 100.000 Kapiteldownloads.

Während seiner 22-jährigen Berufstätigkeit als Zahnarzt und Implantologe hat er zusätzlich zu seinen Zahnarztpraxen in Leverkusen und Berlin, 2 Unternehmen gegründet, die sich mit Prävention und Dienstleistungen im Gesundheitswesen, der Entwicklung von Operationssoftware für zahnärztliche Operationen und digitalen Technologien beschäftigen. Forschungsergebnisse zu Innovationen im Gesundheitswesen hat er auf Konferenzen u. a. der Harvard Universität (USA, Ostküste), Berkeley Universität (USA, Westküste), des Max-Planck-Instituts für Innovation und Wettbewerb (München), des Max-Planck-Instituts für Sozialrecht und Sozialpolitik (München) und der Nanyang Tech Universität (Singapur) präsentiert. Parallel zur Praxis war Prof. Dr. Dr. Philipp Plugmann 12 Jahre an Hochschulen in Karlsruhe, Köln und Bielefeld aktiv, dabei konnte er auch als Betreuer und Erstprüfer Masterarbeiten begleiten. 2007–2016 war er Lehrbeauftragter im Bereich Innovationen an der Hochschule Karlsruhe – Technik und Wirtschaft und wurde vom Rektor für herausragende Lehre ausgezeichnet.

Seit 2013 ist er als Research Fellow an der Universitätszahnklinik Marburg in der Abteilung für Parodontologie tätig und auch dort aufgrund seiner Fallberichte, Vorträge und internationalen Forschungspräsentationen für herausragendes Engagement ausgezeichnet worden. Aktuell arbeitet er an seiner dritten Doktorarbeit, ist Gutachter für das Bundesgesundheitsblatt und seit 2019 Senior Advisor im Bereich Life Science and Health Care bei einer internationalen Technologieberatung.

1

Der Startschuss zum Fixstern

Der Startschuss zu Ihrem Fixstern ist erfolgt und ich wünsche Ihnen aus dem gesamten Buch den höchstmöglichen Nutzen zu gewinnen. Die Erfahrung zeigt, dass bei der Verwirklichung der persönlichen Lebensziele man sich auf sich selbst am besten verlässt und nicht auf andere. Es wird niemand kommen, um einen zu retten, und die Wahrscheinlichkeit, dass auf dem Weg zu Ihrem Fixstern jemand Ihr Talent oder Ihr Potenzial erkennt, Sie an der Hand nimmt und zu diesem Stern führt, ist verhältnismäßig gering. Ausgeschlossen werden kann es natürlich nicht, aber am besten verlassen Sie sich auf sich selbst. Das erspart Ihnen auch jede Menge Enttäuschungen. Von anderen nichts zu erwarten, bringt einen selbst in eine entspannte Verfassung. Wenn Sie diese Erkenntnis einmal verinnerlicht haben, dass Sie sich ausschließlich auf sich selbst verlassen können oder besser gesagt, Sie die einzige Person sind, auf die Sie sich 100 % verlassen können, werden Sie merken, dass Sie die einzige Person sind, die Verantwortung und Führung für das Erreichen Ihrer Ziele übernehmen kann, und niemand sonst.

Das wiederum führt zur Erkenntnis, dass Sie sich in einen dauerhaften Geisteszustand, einbringen müssen, in dem Sie hochmotiviert sind und ständig daran arbeiten, Ihre eigenen Grenzen zu überschreiten. Dabei möchte Ihnen dieses Buch helfen, seien es kleine, mittlere oder große Ziele, privat, familiär, nichtakademisch, akademisch oder rein beruflich.

> **Tip**
> Einer der wichtigsten Punkte bei allen selbst gesetzten Zielen ist: **Nie aufgeben!**

Unabhängig von den gegenwärtigen Rahmenbedingungen und Ihren selbst eingeschätzten Chancen, Ihr Ziel zu erreichen, dürfen Sie nie aufgeben. Dazu gehört auch der Umgang mit Niederlagen, denn Niederlagen sind voll von Lernmöglichkeiten. Wenn Sie eine Niederlage, sei es eine nicht bestandene Klausur, ein verlorenes Semester, eine Nichtzulassung zu einem Studium, die Ablehnung einer wissenschaftlichen Einreichung, eine gescheiterte Beziehung oder ein fehlgeschlagenes Start-up usw., so steckt in jedem dieser Ereignisse das Potenzial, daraus zu lernen und es beim nächsten Mal besser zu machen. Man kann sich emotional von den Niederlagen entkoppeln und das Extrakt positiv betrachten, welches man erhält, wenn man dieses Ereignis einfach nüchtern betrachtet. Das bedeutet letztlich, dass Niederlagen ein Teil des Weges zum Erfolg werden können. Sie haben die Möglichkeit, klar Stellung zu beziehen, was Sie genau im Leben möchten, und sollten sich selbst gegenüber kompromisslos sein. Anderen gegenüber, ob beruflich oder privat, sollte man immer eine offene, zuhörende und kompromissorientierte, kooperative Wesensart haben, denn man kann nicht mit anderen Menschen umgehen wie ein Elefant im Porzellanladen, das funktioniert einmal, aber die Leute wenden sich dann wahrscheinlich irgendwann ab, weil sie einfach diese Situation vermeiden möchten. Da ist es zielführender, zuzuhören und zu versuchen, einen Kompromiss auszuhandeln. Aber sich selbst gegenüber können Sie kompromisslos sein, ehrlich und entschlossen in der Sache. Und wie das funktioniert, können Sie gleich im Folgenden lesen. Das heißt nicht, wenn Ihnen beruflich oder privat jemand unfair gegenüber auftritt, dass Sie das einfach weich ertragen sollen. Sie sollen auch im privaten und beruflichen Umfeld angemessen Widerstand leisten und Stellung beziehen, wenn die Situation es erfordert. Aber der Kern des Erfolges liegt in einem selbst. Und das heißt, Sie sollten sich selbst gegenüber keine Ausreden erfinden. Um das gut durchführen zu können, steht und fällt alles mit einer guten Planung, ich nenne es das „Regelwerk".

Das Regelwerk

Sie können für sich selbst ein Regelwerk entwickeln, indem Sie bestimmte Prioritäten definieren. Das erste ist, das Ziel setzen. Sie sollten nach einer bestimmten Bedenkzeit Stellung beziehen und ganz ehrlich formulieren, was Sie genau möchten, was auch immer es sein mag. Wie bei einem Autorennen oder Marathon sollten Ihnen die Richtung und Ziellinie bekannt sein, damit Sie auf dieses gesetzte Ziel hinarbeiten können und wissen, wann Sie das Ziel erreicht haben. Das kann ein Bildungsziel, ein finanzielles Ziel oder eine private Sache sein, das kann die zukünftige Gründung einer kleinen oder großen Familie sein, das kann glücklich sein als Ziel sein, das kann alles sein, was Sie möchten. Dieses Vorgehen ist unabhängig davon, ob das ein kleines, mittleres oder großes Ziel ist.

Wichtig ist, wenn Sie sich selbst gegenüber ehrlich sind, dass Sie einen großen Fixstern am Himmel, am Horizont, definieren und das ist nur für Sie gedacht. Das behalten Sie auch erstmal für lange Zeit nur für sich, das ist auch der

Magnet und Energielieferant für die nächsten Jahre. Deshalb seien Sie ganz ehrlich zu sich und fragen sich:

- **Was möchte ich?**

Und dann schreiben Sie das nieder, das ist dann Punkt eins auf Ihrer ganz persönlichen Regelwerkliste. Punkt zwei auf dieser Liste sollte sein:

- **Was bin ich bereit zu opfern und wie besessen bin ich davon?**

Hier müssen Sie sich fragen: Worauf könnte ich verzichten? Und worauf muss ich verzichten, um an mein Ziel zu kommen? Das können bestimmte Gewohnheiten sein, das kann eine bestimmte Denkweise sein, auch über sich selbst, über das Leben, den Sinn Ihrer zukünftigen Aktivitäten oder den Nutzen für die Gesellschaft. Das kann auch eine Reflexion der Selbsteinschätzung nach sich ziehen. Wichtig ist, dass Sie sich vergegenwärtigen, dass nur der Verzicht auf bestimmte Dinge überhaupt die Voraussetzung darstellt, diesen Fixstern erreichen zu können. Der Weg zum Ziel, sehen Sie auch an diesem Punkt, führt über Sie selbst und nicht über Dritte. Sie sind der Erfolgsgarant, und alles dreht sich um Ihre Entscheidungen. Der Weg wird steinig, herausfordernd und anstrengend – das wissen Sie bereits jetzt, und so werden Sie auch nicht überrascht sein, wenn die Hindernisse, in welcher Art diese auch auftauchen mögen, bei Ihnen Stress erzeugen. Bleiben Sie nach Möglichkeit emotional kühl und überlassen Ihrem Verstand nüchtern das Feld.

Grundeinstellung

Was war, das war. Die Vergangenheit sollten Sie ruhen lassen und Ihren Frieden damit machen. Es hat gar keinen Sinn, Energie oder Gedanken an die Vergangenheit zu verschwenden, was hätte sein können, wer Ihnen Steine in den Weg gelegt haben mag oder wo Sie aus eigener Kraft gescheitert sind. Das ist Geschichte, Schnee von gestern, lassen Sie diese ruhen und weit hinter sich.

Die gesamte Kraft können Sie jetzt auf die Zukunft fokussieren und dabei ist dieser dritte Punkt, die individuelle Grundeinstellung, elementar. Sie dürfen sich eine Einstellung erarbeiten, bei der Ihnen klar wird, dass Sie Ihre Ziele erreichen können, unabhängig davon, wie klein oder groß diese Ziele sind. Dabei möchte ich Ihnen eine kleine Hilfestellung geben.

Wenn man seinen Fixstern definiert, sei es, dass man das in drei, zehn oder zwanzig Jahren erreicht, schwingt gelegentlich im Hintergrund eine gewisse Angst mit. Die Angst, man könnte das Ziel nicht erreichen oder scheitern. Gedanken wie „Was werden die anderen sagen" oder „Wie werde ich bei Nichterreichen des Zieles in den Augen der anderen ausschauen?" können Sie getrost ausblenden, denn einerseits interessiert die meisten anderen Menschen gar nicht was Sie machen, da diese mit sich selbst beschäftigt sind, und andererseits, wenn Sie nichts riskieren, haben Sie bereits verloren und sich jeder Chance beraubt. Lassen Sie sich nicht von dieser Emotion der Angst leiten, sondern nutzen Sie Ihren Verstand und tun was Sie tun sollten, um das Ziel zu erreichen. Das Risiko zu scheitern kann Ihnen keiner nehmen.

Dazu möchte ich Ihnen schildern, wie ich eine Lektion zum Thema „Angst vor Herausforderungen und das mögliche Scheitern" verinnerlicht habe:

Als ich in Köln nach dem Abitur und Medizinertest, im Jahr 1990 die Doppelzulassung hatte für Humanmedizin und Zahnmedizin, habe ich die ersten drei Jahre als studentische Pflegekraft in dem Hochhaus der Universitätsklinik Köln gearbeitet, um mein Studium zu finanzieren. Ich habe zwar später das Humanmedizinstudium ruhen lassen, weil ich mich entschlossen hatte, parallel zum Zahnmedizinstudium bestimmte fächerübergreifende Kompetenzen zu erlernen und eine Firma zu gründen. Aber die Tag- und Nachtdienste, insbesondere in den Semesterferien, auf den verschiedenen Abteilungen, ob das jetzt die Mund-, Kiefer- und Gesichtschirurgie, die Notaufnahme oder die Hals-, Nasen- und Ohrenheilkunde war, haben mich auch mit Krebspatienten in Berührung kommen lassen, und zwar mit Krebspatienten, die eine palliativmedizinische Therapie durchliefen oder denen diese bevorstand. Sprich, der Krebs war inoperabel und es war eine Frage der Zeit, ob die Patienten noch sechs Monate oder zwei Jahre leben, aber es waren Menschen, die geistig in Todesnähe lebten und wussten, dass sie in absehbarer Zeit sterben werden.

Insbesondere bei meinen Nachtschichten, wenn es mal ein, zwei Stunden etwas ruhiger war an der Uniklinik, was an Unikliniken eher selten der Fall ist, da konnte man sich mit den Menschen in einem Eins-zu-eins-Gespräch sehr tief einfühlen in deren Gedankenwelt und eine der Erkenntnisse dieser Personen, so wie ich das persönlich erfahren habe, war einfach, dass man sich selbst nicht so viel zugetraut hat und manche Dinge nicht gemacht hat aus Scham oder Furcht, wie das in den Augen der Familie, Freunde oder weiteren Bekanntenkreise wirken würde. Das waren ganz unterschiedliche Sachen. Manche wollten z. B. Kunst studieren, ein anderer wollte Schreiner werden, der vierte wollte Lkw-Fahrer werden, ein anderer wollte eine Großfamilie gründen, wollte zehn Kinder haben. Ein anderer wollte erst mal fünf Jahre durch die Welt ziehen. Ich kann gar nicht all die Dinge aufzählen, die mir da genannt wurden, aber wenn man in Todesnähe ist oder eine Nahtoderfahrung hat, scheint die Denkweise doch anders zu sein.

Es ist möglich, dass man aus diesen Erfahrungen anderer Menschen lernen kann. Das habe ich damals auch getan. In den Gesprächen scheint man in Todesnähe einen sehr klaren Geist in Bezug auf die Prioritäten und wirklich wichtigen Dinge des Lebens sehr schnell zu entwickeln. Das Gleiche habe ich bei den Angehörigengesprächen, bei denen ich begleitend mit den Chefärzten dabei war, regelmäßig erleben dürfen. Die Angehörigen hatten auch einen „Mindshift" (engl. Geistverschiebung). Ich erlebte es persönlich so, als ob die Betroffenen oder Ihre Angehörigen aus einem Zustand der Trance erwacht sind und auf einmal alles anders und klar sehen können.

Diese Erfahrungen haben mich damals mitunter bewegt, auch andere Studiengänge am Campus der Universität zu Köln zu besuchen, deren Vorlesungen, Bibliotheken oder Events. Mein Interesse für die verschiedenen Disziplinen war immer sehr breit aufgestellt, ich habe mich für viele Dinge aus reiner Neugier interessiert, nicht nur für die Zahnmedizin, die ich super gerne mache, aber ich habe mich dann nach drei Jahren entschieden, das Humanmedizinstudium ruhen zu lassen, um mich auch mit anderen Fachbereichen zu beschäftigen. Das Leben kann so kurz sein, dass man einfach seinem Herzen und Bauchgefühl folgen kann, ohne schlechtes Gewissen. Innere Freude bei dem was man lernt und tut, Spaß und Seelenfrieden sind schwer in eine ökonomische Bilanz zu pressen, aber sicher für eine emotionale Bilanz.

Was ich Ihnen einfach als Erfahrung mitgeben möchte ist, Sie müssen nicht solange warten, bis Sie in Todesnähe kommen, wobei ich hier anmerken möchte, dass es keine Garantie für nichts gibt, man kann morgen schon von einem Lkw überfahren werden oder an einer schweren Krankheit erkranken und dann war es das, sondern man muss sich klarmachen, dass man Kapitän seines eigenen Lebens ist, oder Kapitänin seines eigenen Lebens, und dass man alle Chancen vor sich hat und keine Angst haben sollte, sich ein kleines oder großes Ziel zu setzen, denn es steckt auch viel Lebensfreude und Spaß darin, Jahr für Jahr diesem Ziel ein Stückchen näher zu kommen. Wenn man mit Spaß, guter Laune und Zuversicht bei der Sache ist, dann schaut man auf nicht mehr ständig auf die Uhr und bleibt der mentalen Erschöpfung fern.

Die eigene Wertschätzung
In den letzten Jahrzehnten, bin ja nun 50 Jahre jung und habe wirklich viele Menschen kennenlernen dürfen, habe ich festgestellt, dass es nicht selbstverständlich ist, sich selbst gegenüber eine hohe Wertschätzung zu haben. Ich kann Ihnen nur positiv zusprechen, Sie sind einzigartig, Sie sind fantastisch und etwas Besonderes. Sie sind auf diesem Planeten und alles ist möglich. Wenn man den durchschnittlichen Lebenserwartungszahlen glauben darf, auch für die, die jetzt gerade geboren wurden, werden immer noch die wenigsten über 100 Jahre alt, also Sie haben eine Zeit von mehreren Jahrzehnten vor sich, wo Sie produktiv sein können, und das ist eigentlich eine überschaubare Zeit, eine begrenzte Zeit, und es ist Ihr gutes Recht, erstens sich selbst gegenüber eine hohe Wertschätzung zu entwickeln und zweitens sich auch die Ziele dementsprechend frei gewählt zu setzen, unabhängig von den Ansichten und Meinungen Dritter.

Auch, wenn Sie gegenwärtig in einer Position oder Arbeitsstellung sind, wo Sie sagen „ich bin aber doch nur in der und der Position". Das hat überhaupt nichts mit der Gestaltung und Erfolgsprognose Ihrer Zukunft zu tun. Ihre Zukunft ist noch nicht geschrieben, Sie können alles positiv gestalten und gewöhnen Sie sich eine hohe Selbstwertschätzung an.

Poulsen (2006) und Hitzenberger und Schuett (2016) beschreiben in ihren Publikationen die Bedeutung von Selbstwertschätzung, Selbstfürsorge und Burn-out-Prävention. Dabei wird deutlich, dass professionelles Selbstbewusstsein einen starken Einfluss auf die eigene positive Gefühlswelt hat und das Individuum eigenverantwortlich Belastungsgrenzen im Rahmen der Selbstfürsorge nicht überstrapazieren sollte, um Erschöpfung und Burn-out präventiv zu vermeiden.

Wie so oft im Leben, keine Regel ohne Ausnahme, manchmal kann man kurzzeitig, für wenige Tage oder Wochen, in den Erschöpfungsbereich eintauchen, um das Ziel zu erreichen und kann sich wie ein Leistungsathlet hinter der Ziellinie auf den Boden legen und regenerieren. Aus meiner persönlichen Erfahrung ist das letztlich eine Trainingssache, man kann über die Jahre seine Belastungsgrenze kennenlernen und ausbauen.

Leistung

Die beste Bemessungsgrundlage für sich und seine Umwelt ist Leistung. Daran führt kein Weg vorbei. Wir leben in einer Leistungsgesellschaft und in einer Leistungsgesellschaft zählt eben Leistung. Physikalisch wird natürlich Leistung als Arbeit durch Zeit definiert, das heißt, Sie sollten Vollgas geben, viel arbeiten, viele Stunden, Tage, Wochen, Monate, Jahre investieren, um einen entsprechenden Leistungsstand zu erreichen, und dazu kommt noch, dass die Frage der Arbeitsintensität, wie intensiv Sie die Zeit nutzen, auch noch eine Rolle spielt.

Die Idee, die Zeit absitzen zu können, wird nicht funktionieren. Sie sollten die Chance ergreifen in Richtung Fixstern sehr aktiv zu sein, ein herausragendes Engagement entwickeln, viel arbeiten, hart und intensiv arbeiten, dann werden Sie Ihre Ziele erreichen. In unserer Leistungsgesellschaft zählen, genau wie im Fußball, nur Resultate – das ist die Realität. Dass es dabei unfair, ressourcenraubend und ohne jede Erfolgsgarantie zugeht, ist ebenfalls ein Teil der Realität. Somit ein Grund, mehr Vollgas zu geben und nicht nachzulassen.

Gündel et al. (2014) zeigen auf, dass arbeiten, seine Ziele verfolgen und gesund bleiben, keine Gegensätze sein müssen. Kraaz (2021) zeigt auf, wie man nachhaltig leistungsfähig bleibt, um den Business-Marathon zu meistern. Beide Autoren betonen auch, dass neben der Kernleistung eine gute Vorplanung ein wesentlicher Erfolgsaspekt ist.

Die richtige Kommunikation mit den Partnern
Der Weg zu Ihrem Fixstern, der Weg zu Ihrem Erfolg, führt nur über harte Entscheidungen. Und dass Sie Entscheidungen treffen sollten, ist unumgänglich. Wenn Sie keine Entscheidungen treffen oder die Entscheidungen zu lange hinausschieben, wird Sie das Zeit kosten und im schlimmsten Fall Ihnen jegliche Motivation rauben. Eine der Entscheidungen, die Sie treffen müssen, ist:

- **Habe ich mit der Partnerin/dem Partner an meiner Seite gut kommuniziert?**

Es gibt nichts Schlimmeres als ein asymmetrisches Motivationsgefälle in der Einstellung innerhalb einer Partnerschaft. Das bedeutet, die eine Person gibt Vollgas, sieben Tage die Woche, und verfolgt den Fixstern hart durch hohen Lern- und Arbeitseinsatz, durch Engagement auch am Wochenende und in den Abendstunden, und die andere Person fühlt sich aufgrund fehlender oder ungenügender Kommunikation dieses Partners vernachlässigt oder nicht mitgenommen auf den Pfad. Man sollte vermeiden, seinen Partner soweit durch sein eigenes Leistungsverhalten zu demotivieren, dass Risse in der Beziehung entstehen.

Sie könnten regelmäßig gemeinsame Ausflüge, Spaziergänge oder Zeitintervalle vereinbaren, bei denen Sie über die Ziele, das bisher Erreichte und den dadurch entstehenden Nutzen für die Familie sprechen. Das wird dazu führen können, dass die Partnerschaft Bestand hat und man gemeinsam positiv auf diesen Fixstern zusteuert. Sie können sich die Frage stellen:

- **Was muss ich tun, damit mein Fixstern erreicht und die Partnerschaft gestärkt wird?**

Haben Sie die Hausaufgaben gemacht, um die Zeit-, Planungs- und Umsetzungsübersicht so zu gestalten, dass Ihre Partnerschaft gleichzeitig wächst und stärker wird?

Das ist eine sehr anstrengende Hausaufgabe, aber letztlich müssen Sie wegen Ihrem Ziel, Ihrem Fixstern nicht die Partnerschaft aufs Spiel setzen, ganz im Gegenteil, Sie nehmen die Leute, Partner, Freunde und Familie, durch eine präventive und stetig begleitende Kommunikation mit ins Boot, auch in Ihren inneren Zirkel, die Sie unterstützen, aber zumindest verstehen, warum Sie dieses Ziel verfolgen, und Ihnen quasi die Luft zum Atmen lassen, sich in Richtung dieses Zieles einzubringen.

> **Tip**
> Ja, machen Sie es. Pflegen Sie vor, während und nach Erreichen des Fixsterns kontinuierlich die gemeinsame Kommunikation. Das stärkt die Liebe, Freundschaften und die Familie. Alle verstehen und fühlen sich als Ihre Wegbegleiter, was gibt es Schöneres, als einen langen Weg gemeinsam und erfolgreich zu gehen – und dabei Spaß zu haben!

Meine Juristenfreunde würden an dieser Stelle sagen: „Ja, Philipp, du hast zwar keinen Rechtsanspruch auf Spaß im Leben oder Spaß bei der Arbeit, aber ja, du hast das Recht, alles in deinem Sinne zu gestalten."

Und, seien Sie doch mal ehrlich, Sie tun den anderen Menschen damit einen Gefallen, wenn Sie gut kommunizieren, statt in ständigen Konflikten zu enden, warum man am Samstag noch das macht oder am Sonntag das, oder wieso man abends vor dem Schlafengehen noch zwei Stunden etwas liest oder schreibt. Das ist Ihre Aufgabe und diese Verantwortung sollten Sie übernehmen.

Daher empfehle ich immer, das Gespräch zu suchen und den anderen Personen, mit denen Sie zusammenleben, einfach erläutern, dass Sie eben ein großes Ziel haben, das Sie priorisieren, das Sie versuchen, aus eigener Kraft den Weg zu gehen, weil Sie sich nur auf sich selbst beim Erreichen dieses Zieles letztlich verlassen können. Und der erfordert eben auch einen hohen Arbeitseinsatz über viele Monate und Jahre hinweg. Und Sie sollten auch erläutern, dass das letztlich der Partnerschaft und möglicherweise Familie zugutekommt, denn letztlich eröffnet Erfolg dann langfristig auch Möglichkeiten, die natürlich auch der Familie zugutekommen.

Dabei geht es nicht um finanzielle Sachen, es geht eben einfach darum, dass man später mehr Zeit für die Familie hat, wenn man eben zehn, zwanzig Jahre Vollgas gegeben hat, kann man sicherlich, wenn man die Früchte geerntet hat, dann auch wiederum mehr Zeitressourcen für die Familie haben und auch bestimmte Dinge ermöglichen.

Sie werden bei guter Kommunikation mit Ihrem Umfeld das Gefühl haben, dass hier ein Vorankommen und eine Kompromissfähigkeit zu sehen ist. Ich denke, das ist einfach fair, die Personen zu begeistern, bis diese genauso positiv eingestellt sind, in einer Gesellschaft zu leben, wo man seine Träume kommunizieren und daran arbeiten kann, durch einen starken Einsatz über viele Jahre das eben zu erreichen, und Sie unterstützen werden. Das kann dann sogar ein Turbo Booster werden, wenn man in einer Beziehung ist, wo man sich gegenseitig stärkt, unterstützt und motiviert, dann wird auf einmal aus eins plus eins drei. Das ist auch ein Aspekt, den Sie durchdenken sollten.

In der wissenschaftlichen Literatur zu dem beschrieben praktischen Problem, dass oft thematisiert wird als „Karriere oder Familie", finden sich spannende Aspekte, die ich Ihnen gerne exemplarisch darstellen möchte. Hancke et al. (2011) zeigten bei einer Umfrage von insgesamt 4564 Frauenärztinnen und Frauenärzten, von denen 2830 (62 %) weiblich waren, dass insbesondere Frauenärztinnen einen Wunsch nach außerfamiliärer Kinderbetreuung wünschen, um bessere Rahmenbedingungen für angestrebte Führungspositionen zu haben.

Rusconi und Solga (2011) untersuchten die Verflechtung von Berufskarrieren und Familie in Akademikerpartnerschaften, auch hier wird angesprochen, dass beide Partner eine Karriere anstreben und beschreiben die Herausforderungen, bei denen eine gemeinsame konstruktive Kommunikation miteinander einen positiven Einfluss haben kann. Ihsen et al. (2008) beschreiben im VDI-Bericht wie Ingenieurinnen und Ingenieure im Spannungsfeld zwischen Beruf, Karriere und Familie bestehen können. Die aus einem qualitativen und quantitativen Studienteil bestehende Untersuchung führte eine Befragung durch bei Absolventinnen und Absolventen ingenieurwissenschaftlicher Studiengänge, Führungskräften und Unternehmen. Einige Ergebnisse waren, dass große Unternehmen professionalisierte Angebote haben, um dem Personal die Vereinbarkeit von Beruf und Familie zu ermöglichen und das die Angestellten ihrerseits zu eher kürzeren Elternzeiten tendieren, um den Erwartungen der Arbeitgeber zu entsprechen. Aber auch problematische Dinge wie die Zuordnung von Familienfreundlichkeit, Rollenverteilungen alten Musters und Rahmenbedingungen für das Erreichen von Führungspositionen, wurden herausgehoben.

Althaber et al. (2011) beschreiben zum Thema „Karriere mit Kind in der Wissenschaft" die Problematik der Kinderbetreuung, des persönlichen Anspruchs und den von erfolgreichen Frauen und ihren Partnern, Rödl (2010) stellt die Vereinbarkeit von Karriere und Familie als Teil der Wirtschaftskanzlei Rödl & Partner dar, und die organisatorische Einrichtung von Betriebskindergärten und -krippen.

Die exemplarische wissenschaftliche Literatur zeigt die Herausforderungen, und meine praktische Empfehlung ist: reden Sie mit Ihrem Partner. Zeichnen Sie einen gemeinsamen Weg, bei dem die privaten und beruflichen Wünsche beider Parteien in Einklang gebracht werden können. Gemeinsam sind Sie stark!

Soziales Engagement
Wenn Sie eines Tages Ihren Fixstern erreicht haben (nichts ist älter als der Erfolg von gestern, Sie müssen sich also den nächsten Fixstern erschaffen), dann haben Sie auch eine moralische Verpflichtung, der Gesellschaft etwas zurückzugeben, in welcher Form auch immer. Die einen bezeichnen das als soziales Engagement, die anderen als Charity. Unabhängig davon, wie Sie es bezeichnen, wenn Sie das Glück hatten, in einer Gesellschaft wie der unseren aufzuwachsen, in der Ihnen durch das Grundgesetz und die Rechtsstaatlichkeit, durch die Bildungs- und Entwicklungsmöglichkeiten alles ermöglicht wurde, Sie durch Ihre Familie und Freunde, Kindergärtnerinnen, Lehrer, Professoren, Ausbilder und unzähliger Mituntersützer, wem auch immer, der Weg bereitet wurde, auch wenn Sie im Kern der Hauptantrieb waren, so ist es gut, sich für die Gesellschaft sozial zu

engagieren. Meine Frau und ich haben vor etwa zehn Jahren damit begonnen, bestimmte Organisationen, Institutionen, Hochschulen und Projekte finanziell zu unterstützen. Das waren keine gigantomanischen Beträge, das waren mal 1000 Euro, mal 2000 Euro, mal etwas mehr, abhängig vom Projekt, aber wir haben in der Familie das Agreement, dass wir den Erfolg auch der Gesellschaft zu verdanken haben und es uns eine große Freude ist, etwas zurückzugeben. Bei dem sozialen Engagement können es auch ehrenamtliche Tätigkeiten sein. Ich bin z. B. zusätzlich als ehrenamtlicher Mentor für Start-ups aktiv oder habe bestimmte Aktivitäten organisiert. Da gibt es ganz vielfältige Möglichkeiten, das ist nicht immer nur eine Geldspende, es kann auch eine Sachspende sein oder Zeit, wenn man sich eben ehrenamtlich engagiert; und das Ehrenamt in Deutschland ist ganz breit aufgestellt, da kann man sich ausgezeichnet für die Gesellschaft und die anderen einbringen. Denn letztlich hat das letzte Hemd keine Taschen, man kann also von seinem finanziellen Wohlstand nichts mit rübernehmen und hinterlässt auch eine Vorbildfunktion und motiviert ggf. andere, sich auch ehrenamtlich oder finanziell einzubringen und die Gesellschaft zu supporten, die einem überhaupt erst ermöglicht hat, sich so zu entwickeln, wie man sich entwickelt hat.

Die wissenschaftliche Literatur hat zu den Motiven sozialen Engagements zahlreiche Studien und Beiträge vorzuweisen. Schulze (2009) untersuchte Motive, Ziele und Werte von Stifterinnen und Stiftern. Dabei arbeitet er Unterschiede zwischen geschlechts- und persönlichkeitsspezifischen Orientierungen heraus. Heinze und Strünck (2001) beschreiben die Relevanz freiwilligen sozialen Engagements und zeigen Potenziale und Fördermöglichkeiten auf.

Unabhängig von Ihren persönlichen Motiven hat Ihr Handeln, indem Sie sich sozial engagieren, auch einen positiven Einfluss auf Ihr Umfeld und auf die Community, in der Sie leben. Das stärkt die Gemeinschaft und Sie können Ihrer Vorbildfunktion, sofern Sie das möchten, gerecht werden.

Integrität, Loyalität und Zuverlässigkeit
Auf dem Weg zum Erfolg sind Sie auf die Interaktion mit Menschen angewiesen, und damit diese Menschen die Sicherheit haben, dass Sie zuverlässig, loyal und integer sind, müssen Sie das auch leben. Das bedeutet, Dinge, die mit Ihnen besprochen werden, behalten Sie vertrauensvoll für sich, wenn Sie Ihr Wort gegeben haben, dass eine bestimmte Sache durchgeführt wird, dann führen Sie diese durch, und wenn es aus irgendeinem Grund eben nicht klappt, dann stehen Sie Rede und Antwort, warum und wieso, und bringen auch am besten noch einen Lösungsansatz mit.

Man sollte bei Ihnen die Gewissheit haben, dass Sie die Ihnen vertrauensvoll mitgeteilten Dinge nicht herumerzählen und man sich auf Sie verlassen kann. Dieses Element, dass man auch als Wesensmerkmal oder Imagebaustein jemand ist, der als zuverlässig gilt, oder als jemand, der Projekte umsetzt oder der auch über lange Zeit an Zielen festhält und diese erreicht, wird Ihnen auf dem Weg helfen, Menschen bei Projekten für sich zu gewinnen, diese Beziehungen durch Leistungsnachweise und Resultate zu begeistern und mit ihnen gemeinsam die Zukunft zu gestalten.

Aus den Erfahrungen anderer lernen
Ich werde Ihnen in diesem Buch durch persönliche Erfahrungen oder Erfahrungen, die Bekannte oder Kollegen zugestoßen sind, versuchen, bildhaft zu erläutern, welche Lehren und Schlüsse man daraus ziehen kann, denn eine goldene Regel ist, man soll nicht nur aus seinen eigenen gescheiterten Projekten lernen, sondern möglichst aus den gescheiterten Projekten und Erfahrungen anderer. Damit spart man sich viel Geld und viel Zeit.

Kampfansage

Sie befinden sich in einer permanenten Wettbewerbssituation, ob Ihnen das gefällt oder nicht. Es vergeht kein Tag, ob im Vereinssport, im Kindergarten, in der Schule, bei der Ausbildung, bei der Unternehmensgründung, bei der Übernahme eines Angestelltenverhältnisses oder dem Ziel, innerhalb einer Organisation aufsteigen zu wollen, wo Sie in direktem Wettbewerb sind mit anderen, die das auch möchten. Aber die Plätze dafür sind eben begrenzt oder, was noch härter ist, im Wettbewerb mit sich selbst. Und es ist viel schwerer, sich selbst zu pushen, anzutreiben und zu motivieren, als dies nach extern zu tun. Sie haben quasi einen Zweifrontenkrieg, auf der einen Seite mit der Außenwelt und auf der anderen Seite mit der Innenwelt. Hören Sie auf, kleine Brötchen zu backen, reißen Sie sich zusammen, erschaffen Sie sich Ihren großen Fixstern als Ziel und geben ab jetzt Vollgas. Sie können es schaffen, und Sie werden es schaffen. Für das Erreichen kleiner Ziele gilt das gleiche konsequente Vorgehen.

1.1 Erfolg bedeutet Wachsen wie ein Baum

Wenn Sie die ersten Erfolge auf dem Weg zu Ihrem Fixstern eingefahren haben, haben Sie für sich nachweisbare Leistungspakte abgearbeitet, und das wiederum dient als Motivation für die nächsten Arbeitspakete. Man kann das vergleichen mit einem Baum, der wächst, fängt klein an und wird mit der Zeit immer größer. Und je größer der Baum wird, desto widerstandsfähiger wird er. Das heißt, die Erfolge bauen bausteinartig aufeinander auf, und je öfter Sie Erfolgserlebnisse einfahren und nachweisbare Arbeitspakete erfolgreich abgearbeitet haben, mit desto größerem Selbstbewusstsein und Elan gehen Sie an die nächsten Projekte. Das Schöne an dem Vergleich mit dem Baum ist, dass es das weit verzweigte Wurzelwerk gibt, welches den Baum sehr robust im Fundament verankert – übrigens gibt es wissenschaftlich sehr interessante Forschungsergebnisse, wie die langen Wurzeln der Bäume in Wäldern über die Wurzeln miteinander interagieren – der Stamm, die Äste, die Rinde verleihen eine Widerstandsfähigkeit. Letztlich ist der Baum im Stande, bei gutem Wetter (Sonne), bei schlechtem Wetter (Regen, Schnee), bei unterschiedlichen Temperaturen und auf den Einfluss durch Tiere und Insekten immer das bestmögliche für das Wachstum und den Erhalt umzusetzen. Alles hat mal als ganz kleines Pflänzchen angefangen und der Baum hat aus seiner Natur heraus nie an seinem Wachstum gezweifelt.

Sie setzen sich dann für die nächsten Arbeitspakete höhere Anforderungen, breiter, höher, und effizienter, und werden mit diesem Trainingseffekt von Mal zu Mal besser. Das erfordert, dass Sie immer dranbleiben und nicht mittendrin aufgeben. Sie werden sehen, dass Sie mit der Zeit anhand der Arbeitspakete, die Sie abliefern, immer besser werden und sich auch immer mehr zutrauen. Der Einzige, der Sie aufhalten kann, sind Sie selbst. Es liegt an Ihnen, nur an Ihnen. Ich werde immer gefragt:

> **Tip**
> „Philipp, sag mal, wie schaffst du das alles? Deine Praxen, deine Firmen, die du aufgebaut und verkauft hast, die akademischen Aktivitäten, dein soziales Engagement, und trotzdem immer Zeit, andere Leute zu unterstützen, Auskunft zu geben und sich zu engagieren?"

Ich entgegne dem: Nichts ist über Nacht entstanden. Und es war ja auch nicht geplant, als ich Schüler oder Student war, und das ist ja jetzt immerhin schon viele Jahre her, dass es in dieser Weise ausgeführt wird. Aber sehr wohl war schon seit der Schulzeit klar, wo die Reise bei konstanter Lern- und Arbeitseinstellung gepaart mit einem starken Willen hingehen wird, und so hat sich das entwickelt. Es gibt wiederkehrend bestimmte Elemente, die bereits schon während der Schulzeit, rückblickend betrachtet, schon eine Differenzierung erzeugt haben von denen, die es vielleicht nicht so weit geschafft haben oder nicht mehr aus ihrem Leben machen wollten, die Bereitschaft alles zu geben bis zur Erschöpfung. Bei den Leichtathleten sehen Sie es im Fernsehen ja auch, wenn diese hinter der Ziellinie, unabhängig von der Platzierung, auf dem Boden liegen und nach Luft schnappen. Im Berufsleben mag die Bereitschaft, sich zu verausgaben, befremdlich scheinen, aber im Leistungssport bei den Profis war es nie anders:

- **Sie sind doch Profi, oder?**

Auf der anderen Seite muss ich sagen, habe ich mich nie an den anderen orientiert, sondern habe mich selbst an mir und meiner eigenen Geschwindigkeit orientiert. Gemäß dem Slogan „Fordern und Fördern" habe ich mir alles abgefordert und mich entsprechend gefördert durch das Erschaffen eines Fixsternes, gelegentlicher Belohnung und einer hohen Selbstwertschätzung. Wenn Sie keiner lobt, müssen Sie sich eben selbst loben. Das muss immer ehrlich und aus vollem Herzen kommen. Nach einem erfolgreich und nachweislich abgelieferten Arbeitspaket kann man sich einige lobende Worte zusprechen. Solange es ehrlich ist und der Realität entspricht, warum nicht? Selbstmotivation hat noch nie geschadet.

Es mag sein, dass es von außen so gewirkt hat, als wolle ich andere übertrumpfen oder besser sein, aber im Kern ging es eigentlich darum, mich selbst zu fordern, mich selbst unter Druck zu setzen und die von mir selbst gesetzten Ziele dann auch entsprechend zu erreichen. Ich wollte mein eigenes Potenzial neu entdecken und freilegen, das kann eine Obsession oder Besessenheit werden, wenn man mit den Jahren merkt, dass man die Ziele erreicht und weitere Siege einfährt. Das heißt, die meiste Zeit war ich eigentlich mit mir selbst beschäftigt und nicht mit meiner Außenwelt, auch wenn die Außenwelt das so wahrgenommen haben mag.

> **Tip**
> **Das Wichtigste ist, man muss an sich selbst glauben, dazu gibt es keine Alternative.**

Es gibt auch keinen Grund, nicht an sich selbst zu glauben. Sie glauben doch nicht, dass das, was die anderen können, nicht auch in Ihrem Potenzial steckt. Sie haben entweder zu früh aufgegeben oder Sie glauben auch einfach nicht, dass Sie genauso leistungsstark sind wie all die, die Sie sehen, wo Sie vielleicht selbst hinmöchten, oder die Sie als Vorbilder haben – das können Sie direkt streichen.

> **Tip**
> **Sie haben die Power, das Potenzial und sollten an sich glauben.**
> **Das ist nicht verhandelbar!**

Erfolgreich zu sein, bedeutet einfach auch, sich klarzumachen, dass man ein Leben lebt, das viele andere eben nicht leben. Damit meine ich, dass der Lebensstil eben etwas anders ist als von denen, die nicht so viel erreichen möchten, ihre Träume nicht verwirklichen wollen oder sogar ein gutes Leben führen, aber insgeheim sich nach höheren Zielen sehnen, die sie scheinbar nicht erreichen können. Es ist absolut in Ordnung, mit seinem Leben zufrieden zu sein. Niemand sollte unfreiwillig irgendwelchen Zielen oder Siegen nacheifern, aber denen, die siegeshungrig sind und in einem kontinuierlichen „FIXSTERN-im-Kopf-Modus" sich, immer wieder neue Ziele setzen und um Siege kämpfen, das was im Leistungssport selbstverständlich ist, wird viel abverlangt.

> **Tip**
>
> Als erstes müssen Sie eine ehrliche Stärke-Schwäche-Analyse für sich selbst machen und sich dafür sensibilisieren, wo Ihre Stärken und Schwächen liegen. Niemand kann das besser als Sie selbst und das ist eine Hausaufgabe, die Sie machen sollten.

Das bedeutet nicht zwangsläufig, dass da, wo Sie Ihre Schwächen haben, Sie nicht aktiv werden, und es bedeutet auch nicht, dass Sie da verharren müssen, wo Sie Ihre Stärken haben. Aber, Sie können sich schriftlich fixieren, übersichtlich, detailliert und absolut rein mit sich selbst im Gewissen: Wo bin ich gut und wo bin ich nicht so gut?

Danach können Sie eine **strategische Entscheidung** treffen: baue ich meine Stärken aus, versuche ich, meine schwachen Seiten soweit anzuheben, dass sie mindestens im

Durchschnitt liegen, kombiniere ich beides, muss ich vielleicht sogar die eine oder andere Schwäche, die ich habe, koste es, was es wolle, verbessern?

Das sind wiederum strategische Überlegungen. Aber die erste Hausaufgabe ist, ein ehrliches Stärken-Schwächen-Profil aufzumalen, und dann können Sie abhängig von Ihrem Fixstern entscheiden: Wie gestalte ich mein Engagement? Ich persönlich halte nichts davon, nach der Aufzeichnung eines persönlichen Stärken-Schwächen-Profils zu sagen, dass das Resümee das ist, dass ich mich auf meine Stärken fokussiere, sondern das Stärken-Schwächen-Profil hilft mir, in Bezug auf meinen selbst gewählten Fixstern meine Arbeitspakete daraus abzuleiten. Und das kann eben sein, wenn z. B. eine meiner Schwächen ist, Verkaufsstärke oder Kommunikation mit Dritten, oder pünktlich aufstehen oder, oder, oder, dass ich das eben mit reinnehmen muss ins Boot, um mein Endziel zu erreichen. Es geht darum, sich ein Pflichtenheft, ein Aufgabenheft zu erstellen, was in der Zukunft abzuarbeiten ist und wo Sie Ihre Energie und Finanzen investieren, um Kompetenzen, Skills und Know-how aufzubauen.

Mit Druck umgehen

Sie werden auf dem Weg zu Ihrem Fixstern mit Druck umgehen müssen. Einmal mit Druck von der Außenwelt, Situationen, die Ihre Berufslaufbahn oder Ihr Geschäft unter Stress, unter Druck setzen, und Druck aus sich selbst heraus. Das heißt, Sie arbeiten schon mehrere Wochen 60, 70, 80 Stunden die Woche, Sie haben wenig Freizeit, stehen früh auf, gehen spät schlafen, einige Zwischenergebnisse sind nicht so, wie Sie sich das erhofft haben, und trotzdem sollten Sie es aushalten. Dazu kommt auch noch, dass in solchen Phasen man vielleicht auch noch erkältet ist, Kopfschmerzen bekommt oder andere Dinge noch zusätzlich obendrauf kommen, privat oder beruflich veranlasst.

Sie müssen in der Lage sein, mit diesem Druck umzugehen. Und die beste Lektion, mit Druck umzugehen, ist einfach, durch diese Phase durchzugehen. Wie ein atomgetriebener Eisbrecher. Sie können und lassen sich auch von diesen ganzen Drucksituationen nicht aufhalten! Sie sollten sich weiter antreiben und durch diese Phase durchgehen. Die gute Nachricht ist, dass, wenn Sie so eine Phase hinter sich haben, Sie die Gewissheit haben, dass Sie durch so eine Phase durchgehen können und werden bei der nächsten Situation das Selbstvertrauen haben, auch diese nächste Phase zu nehmen. So gibt es einen Effekt wie bei einer Lawine, es wächst und wächst und wächst, Sie werden immer größer, Sie werden immer stärker und selbstbewusster und können mit immer mehr Situationen umgehen. Es kann natürlich sein, dass in so einer mehrwöchigen Druckphase das eine oder andere nicht funktioniert. Aber hier sage ich immer, und das werden Sie im Folgenden noch mal lesen, die 95-5-Regel: Konzentrieren Sie sich auf die 95 %, die funktioniert haben, und tragen Sie nicht die 5 %, die nicht geklappt haben wehleidig monatelang hinter sich her wie ein Jammerlappen. Denken Sie immer dran: Ja, die 5 %, die nicht geklappt haben, sollten Sie sachlich neutral analysieren, überlegen, woran lag es, und Ihre Lehren daraus ziehen, aber es geht um die 95 %, die funktioniert haben! Ein bisschen Schwund ist immer, im Krieg spricht man von Kollateralschäden, in anderen Branchen spricht man von Tagesform, und so gibt es in jedem Bereich irgendeine Begrifflichkeit, die zu erklären versucht, wieso man nicht bei 100 % gelandet ist. Aber ich bin der Meinung, und das hat mir geholfen in den letzten Jahren, mich auf die 95 % zu fokussieren, die ich erfolgreich absolviert habe. Die 5 % habe ich zur Kenntnis genommen und daraus meine Lehren gezogen, aber ich habe mich nie davon runterziehen lassen. Versuchen Sie es auch.

1.2 Die besten 10 %

Wie Sie anhand von (Abb. 1.1) ersehen können, können Sie als Übung ankreuzen, wo Sie sich zurzeit nach eigener Einschätzung befinden.

Gehören Sie, bei dem, was Sie zurzeit beruflich machen, zu den besten 10 %, oder sind Sie bei 11–25 %? Gehören Sie zur Gruppe 26–50 % oder sind Sie in der zweiten Hälfte bei 51–100 %? Wenn Sie zurzeit zur Schule gehen, ist dann wahrscheinlich Ihr Notendurchschnitt ausschlaggebend, wenn Sie als Referenz Ihre Aktivität im Sportverein sehen, dann ist wahrscheinlich die Frage, sind Sie Stammspieler/-spielerin, gelegentlicher Stammspieler/-spielerin oder sitzen Sie oft auf der Bank, oder werden möglicherweise gar nicht zu den Spielen mitgenommen? Sind Sie in einer Ausbildung, gehören Sie zu den 10 % der Besten innerhalb Ihrer Ausbildungsklasse oder sind Sie eher in dem Prozentrang 11–25 %, 26–50 % oder gehören Sie der zweiten Hälfte an? Und das Gleiche, wenn Sie als Geselle/

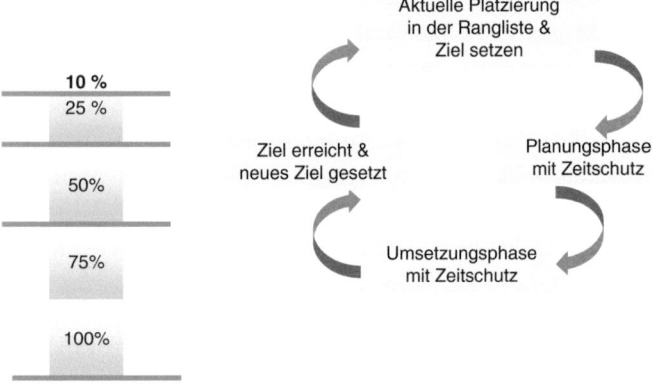

Abb. 1.1 „FIXSTERN-Konzept 2021" nach Plugmann (eigene Darstellung). Die Eingangsabbildung beschreibt den Zyklus meines Konzeptes zum Erreichen der selbst gesetzten Ziele

Gesellin arbeiten oder angestellt sind, selbstständig sind, im Vergleich zu Ihren Wettbewerbern. Sie sind in Ihrem Bereich besser informiert als ich, aber das ist so eine grobe Hausnummer, um ein Gefühl zu bekommen, wo bin ich von meiner Leistungsstärke eigentlich, bei den Top-10 % oder eben nicht. Und dann müssen Sie sich fragen:

- **Will ich zu den „Top-10 %" gehören?**

Bin ich da vielleicht schon, dann herzlichen Glückwunsch, oder bin ich da noch nicht und möchte da hin? Sie können sich natürlich auch vorher entscheiden und sagen, ich bin zufrieden mit dem, was ich bisher erreicht habe – dann wünsche ich Ihnen alles Gute. Aber wenn Sie zu denen gehören, die zielstrebig zu den „Top-25 %" in Ihrem Bereich gehören wollen oder sogar zu den „Top-10 %", dann haben Sie einiges vor sich und dabei möchte ich Ihnen helfen. Dazu fällt mir eine schöne Geschichte aus meiner Schulzeit ein. Es war in der zehnten Klasse, bis zur neunten Klasse war ich eigentlich verhältnismäßig faul, habe sehr wenig gelernt, hatte aber immer Dreier und ab und zu Zweier, und war damit auch zufrieden, denn eigentlich haben mich das Treffen mit Freunden und sportliche Aktivität sehr interessiert und die Schule eigentlich nicht so, und ich habe mich immer sehr wohl gefühlt, dass ich mit verhältnismäßig wenig Aufwand notenmäßig immer irgendwo zwischen zwei und drei stand. Dann habe ich allerdings erfahren, dass – ich wollte immer irgendwas im Gesundheitswesen machen, kranken Menschen helfen, ich habe mir damals auch überlegt, dass ich in der Pflege arbeiten könnte, also irgendwas, wo ich mit Menschen zu tun habe und wo ich durch meine Aktivität zu deren Gesundheit und Wohlbefinden beitragen kann – und dann habe ich halt zum ersten Mal erfahren, dass ich mit diesen Noten, wenn ich z. B. an die medizinische Fakultät gehen möchte, keinen Studienplatz bekommen würde. Das habe ich auch erstmal gar nicht verstanden, weil mir auch nicht klar war, was die Zulassungsvoraussetzungen sind, da war ich auch viel zu jung. Aber irgendwie hat mir mein Vater dann klargemacht, dass mit diesem Notendurchschnitt, der lag damals bei 2,5, dass man damit, mit Hinblick auf die Zulassung zur medizinischen Fakultät – wo die Notendurchschnitte, damals um 1989, irgendwo zwischen 1,2–1,7 lag, keine Chance hätte. Dann kam natürlich noch der Medizinertest dazu, mit dem man noch einige Punkte gewinnen konnte. Wenn man jetzt z. B. einen Abiturschnitt von 1,8 oder 2,0 hatte, man hatte aber im Medizinertest, der den ganzen Tag dauerte, ein Ergebnis, das nannte sich Testbestenquote, ich meine, das wären die besten 10 % gewesen, dann hat man noch mal auf das Abitur in einer Mischkalkulation aus Ergebnis des Medizinertests und seiner Abiturnote dann eine bessere Position in der Rangliste bekommen. Über dieses Thema habe ich auch damals mit meinen Lehrern, zu denen ich überwiegend ein gutes Verhältnis hatte, auch gesprochen und dann haben sie mir wirklich bestätigt, sie sagten „Philipp, wenn du später Arzt werden möchtest, dann musst du auf jeden Fall ein sehr gutes Abitur haben, und darüber hinaus auch einen sehr guten Medizinertest machen". Der Medizinertest bestand aus Dingen wie Auswendiglernen, Texte lesen und dann etwas später wiedergeben, dreidimensionale Vorstellungskraft, bestimmte feinmotorische Ankreuzübungen von den Buchstaben b und q und p und der Test ging über etliche Stunden, ich meine, sechs oder sieben Stunden mit einer Pause. Das Problem war, dass man in der Tat im Wettbewerb um diese Studienzulassung nicht einfach sich auf seine reine Abiturnote, jetzt sagen wir mal 1,5, verlassen konnte, denn die anderen, die um einen Studienplatz mitkämpften, hatten ja auch die Möglichkeit, durch einen deutlich besseren Medizinertest als andere, diese in der Rangliste wiederum zu überholen. Das heißt, das war eine Doppelanforderung, erstmal ein Einser-Abitur, so gut wie möglich, und dann noch bei dem Medizinertest möglichst bei den besten 10 % dabei sein. Insofern hatte ich damals, es war die neunte oder zehnte Klasse, von heute auf morgen einen „Hallo-wach-auf-Effekt" und musste mir überlegen, wie ich aus dieser „Wischiwaschi-Lern-Situation", ein bisschen Lernen und viel Freizeit, an mein Ziel herankomme. Bevor ich also anfing, mir zu überlegen, wie ich meine Leistung verbessern kann, musste etwas Grundlegendes passieren. Ich musste mich selbst irgendwie dazu bringen, aus meiner Lethargie herauszukommen. Das war nämlich für mich sehr komfortabel, ich habe wirklich sehr wenig für die Schule getan, und hatte verhältnismäßig gute Noten, so einen Notendurchschnitt von 2,5 empfand ich damals als okay. Ich hätte damit auch andere Studienfächer, die ich interessant fand, problemlos studieren können, und ich war mit mir selbst im Reinen. Gut in der Schule, im Sport war ich auch ganz gut, und, was soll ich mich jetzt so verausgaben? Aber da ich in dieser Zeit den Entschluss fasste, an die medizinische Fakultät zu gehen, musste ich mich selbst erst mal verändern. Es hat etliche Monate gedauert, bis dann ein Schlüsselerlebnis passierte, und davon möchte ich Ihnen jetzt erzählen:

Zu der damaligen Zeit spielte ich, da war ich in der zehnten Klasse, ich in der Schulmannschaft Basketball und in einem Basketballverein in Köln. Wir waren etwa 20 Mannschaften, das war damals die C-Jugend, und ich war bei einem Städtemeisterschaftsspiel dann angesprochen worden von einem Trainer des Vereins BSC Saturn Köln, die Herrenmannschaft spielte damals in der Basketball-Bundesliga, soweit ich mich erinnere, hat der BSC Saturn Köln mit Bayer Leverkusen und Göttingen um die Deutsche Meisterschaft gespielt, und ich fühlte mich natürlich sehr geehrt, dass mich jetzt der Jugendtrainer der C-Jugend dieses Vereins ansprach und motiviert hat zu wechseln. So habe ich dann mitten in der Saison gewechselt, durfte dann auch ein paar Spiele nicht spielen, und dann, das war 1984/1985, passierte halt eben Folgendes, dass die Herrenmannschaft Meister wurde und für die nächste Europacup-Saison zwei Amerikaner als Spieler für die nächste Saison verpflichten konnte, und einer davon wurde unser Jugendtrainer. Das war damals der Übergang von der C-Jugend in die B-Jugend, und in dieser Phase habe ich genauso trainiert wie ich mich in der Schule angestrengt habe, nämlich verhältnismäßig freizeit- und spaßorientiert und habe da immer versucht, die Übungen, die uns der Trainer vorgegeben hat, halt mehr schlecht als recht umzusetzen.

1.3 Der neue Trainer

Der neue Trainer verstand beim Thema Training überhaupt keinen Spaß. Er ließ nichts durchgehen, überhaupt nichts, ich höre seine Schreie heute noch in meinem Ohr. Jedes Fehlverhalten zog Konsequenzen nach sich. Das fing bei der Pünktlichkeit an. Trainingsbeginn, wir hatten damals zwei- oder dreimal die Woche Training ab 17:00 Uhr, war Punkt 17:00 Uhr, das heißt, wenn man um 17:01 Uhr kam, war die Halle bereits von innen abgeschlossen und man konnte wieder nach Hause gehen, und wenn das ein paarmal passiert ist, dann konnte man beim nächsten Spiel auch nicht auflaufen. Dazu kam noch einmal die Woche nach dem regulären Training in Köln-Fühlingen ein Nachwuchstraining, also volles Programm. Das führte irgendwann mal dazu, dass wir alle schon um 20 vor fünf, manchmal auch um halb fünf vor der Halle warteten. Das zweite war, wir mussten uns aufwärmen, da gab es auch kein

Vertun, Stretching und Dehnen und verschiedene Übungen, um den Bewegungsapparat in eine geschmeidige, aufgewärmte Position zu bringen, und dann wurde trainiert. Es gab ganz viele verschiedene Übungen, und bei der ersten Defense-Übung, wenn man im Basketball verteidigt, muss man halt relativ tief in die Hocke gehen, manchmal sogar nur auf den Zehenspitzen stehen und dann von links nach rechts tippeln, und ich habe immer versucht, dass der große Centerspieler immer vor mir war bei den Übungen, sodass der Trainer mich nicht direkt sehen konnte. Das führte dazu, dass innerhalb kürzester Zeit die Trillerpfeife erklang und ich eine klare Standpauke bekommen habe. Der Trainer, über 1,90 Meter groß und ein durchtrainierter Hochleistungssportler, und ich, der etwas faule Aufbauspieler, standen gegenüber und er sagte mir ganz klar:

„Wir wollen hier als Team erfolgreich sein und damit wir das sind, muss jeder Einzelne an sein Leistungsmaximum gehen. Wenn ich mit dem Team und für das Team an den Erfolg glaube und dafür hart arbeiten möchte, dann bin ich herzlichst willkommen, dann wird er mir alles mitgeben, was er an Know-how, Können und Wissen hat, damit ich als Teil des Teams dazu beitrage, dass das Team erfolgreich ist. Wenn ich das nicht will, dann soll ich mich umziehen und nach Hause gehen und mir eine neue Mannschaft suchen, es gibt ja schließlich genug Spaß-Vereinsmannschaften in der Stadt."

Interessanterweise habe ich sofort reagiert und gesagt: *„Ja, ich will."*

Da war auch kein langes Nachdenken notwendig, und ich war von einer Sekunde auf die andere total entflammt. Ich war irgendwie im Dauerkampfmodus, damals war ich 15, und das hält bis heute an, also über 35 Jahre später, an dieser Stelle, lieber Trainer (den Namen kennen meine ehemaligen Mitspieler), vielen Dank für diese klare Standpauke. Das war zwar in dem Augenblick hart für mich, aber seitdem hat sich meine Lern- und Arbeitseinstellung deutlich geändert und war auch ein Teil des Fundaments, auf das ich heute baue. Ich erzähle Ihnen diese Geschichte, weil ich Ihnen einfach zeigen möchte, dass manchmal auch ein **externer Impuls** notwendig ist, um die eigenen Unklarheiten und Unschlüssigkeiten zu einer Entscheidung zu führen.

Denn das ist auch ein Punkt, **Sie *müssen* eine Entscheidung treffen**. Wenn Sie sich die Abbildung anschauen, wo Sie gerade im Leben sind, ob Sie zu den „Top-10 %" gehören in Ihrem Berufs-, Schul-, Sport- oder Ausbildungsbereich, dann müssen Sie sich die Entscheidung selbst abringen, bin ich mit meinem Status quo zufrieden oder möchte ich mehr aus meinem Leben machen.

Denn die Vorstellung, dass wenn Sie jetzt auf Rang 40 % sind, das wäre bei 50 Personen im Ranking Position Nr. 20, Sie im nächsten Leistungsabschnitt, also nach dem Studium, nach der Lehre, nach der Gründung eines Unternehmens, der Annahme eines herausfordernden Angestelltenverhältnisse oder der Umsetzung eines privaten oder beruflichen Projektes, später alle übertrumpfen werden mit der gleichen Lern-, Arbeits- und Verhaltensweise, die Sie bisher an den Tag gelegt haben, ist eine Utopie.

> **Tip**
> Sie sollten Ihr MIndset transformieren, das ist Ihre ganz persönliche Pflichtübung und niemand außer Sie selbst sind dafür verantwortlich! Die Zukunft ist noch nicht geschrieben, erschaffen Sie Ihren Fixstern und es ist an Ihnen alleine, diesen zu gestalten und aktiv täglich daran zu arbeiten, durch Fleiß, Hartnäckigkeit, Beharrlichkeit, Ausdauer, Pünktlichkeit, Zuverlässigkeit und Belastbarkeit. Auch in digitalen Zeiten hat sich an diesen Tugenden oder Traditionen nichts geändert, um langfristig zum Erfolg zu kommen.

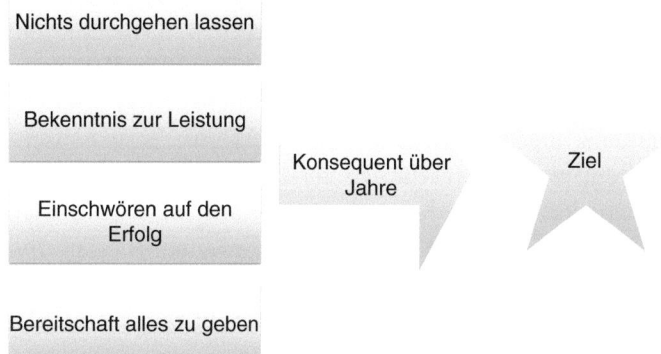

Abb. 1.2 „Unnachgiebigkeit sich selbst gegenüber" nach Plugmann (eigene Darstellung). Diese Abbildung beschreibt, wie Sie sich mental auf das Erreichen der selbst gesetzten Ziele einstimmen können

Anhand von (Abb. 1.2) können Sie eine Übung machen und sich auf die selbst gewählten Ziele mental einstimmen:

Natürlich gibt es Ausnahmen. Da denke ich an die Studienabbrecher, z. B. Bill Gates, der ein globales Unternehmen aufgebaut hat, aber diese Beispiele sind ja sehr selten und das wäre ein schlechter Rat, wenn man darauf setzen würde, dass man dieser One-in-a-Million ist, der quasi alles vergeigt und trotzdem ein Weltunternehmen aufbaut. Das kann natürlich passieren, aber das Ansinnen dieses Buches ist, Ihnen ein Rüstzeug mitzugeben, es logisch aus eigener Kraft und mit hoher Wahrscheinlichkeit zu erreichen.

1.4 Die Schriftform

Ich habe mir bereits während der Schulzeit angewöhnt, als ich mit dem Problem konfrontiert war, dass ich aus einem durchschnittlich guten zu einem sehr guten Schüler werden musste, alle gegenwärtigen und zukünftigen Planungsvorhaben im Zusammenhang mit dem Erreichen eines sehr guten Abiturdurchschnitts schriftlich niederzulegen. Dazu habe ich als erstes einfach ein weißes Blatt Papier genommen und mir alle Fächer aufgeschrieben, also Biologie, Mathematik, Physik, Sport, Religion, Kunst, Sozialwissenschaften, alle Fächer, die ich zu der Zeit hatte, dann die Namen der Lehrer, dann die gegenwärtigen schriftlichen Noten, die mündlichen Noten und die Gesamtnoten, und daneben die Ziele, die Zielnoten, die ich erreichen muss. Dann gab es eben einfache Dinge wie, in Sport und Mathematik war ich immer gut und Biologie auch. Das waren so die guten Leistungen. Kunst war ich verhältnismäßig mittelmäßig, und dann hatte ich z. B. in Englisch Probleme, in zwei, drei anderen Fächern hatte ich gelegentlich Probleme. So hatte ich die Fächer, die gut laufen, die mittel und schlecht laufen. Da war natürlich die große Frage, wie werde ich besser, wo kann ich ansetzen und was muss sich ändern.

Als erste Maßnahme habe ich in den Fächern, in denen ich nicht so gut stand, mit den Lehrern gesprochen, dass ich vor habe, mich zu verbessern, und habe mir ein paar Tipps geholt, es ist keine Schande nach Hilfe oder Ratschläge zu fragen. Klar, war das unangenehm, und ich hatte etwas Angst, ausgelacht zu werden. Aber wenn ich ernsthaft von 2,5 auf 1,5 als Abinote hoch wollte, war eben der Preis die Konfrontation mit den Bewertern und mir selbst, eine offene Kommunikation und den Willen, die Wahrheit zu ertragen.

In den Fächern, wo ich durchschnittlich war, habe ich auch mit den Lehrern gesprochen, gefragt, wie man sich da verbessern könnte. In den Fächern, wo ich gut oder sehr gut stand, habe ich keine großen Gespräche mit den Lehrern geführt, und habe in der zehnten Klasse dann Vollgas gegeben und immer festgehalten, wo ich mich verbessert habe, wo ich mich verschlechtert habe, die Noten festgehalten, und hatte immer durch die Verschriftlichung des Vorhabens eine **erstklassige Übersicht.** Das hat mir sehr geholfen.

An dieser Stelle möchte ich Ihnen vergegenwärtigen, dass Sie alleine für die Erstellung und tägliche Pflege dieser erstklassigen Übersicht verantwortlich sind, das ist ein Teil des Handwerkzeugs auf dem Weg zum Fixstern. Es gewährleistet Ihnen die Möglichkeit, früh Probleme oder Abweichungen zu erkennen und in Kombination mit dem noch in weiteren in diesem Buch dargestellten individuellen Zeitflussdiagramm die Zukunft zu gestalten – Ihre Zukunft!

Das mache ich heute, 35 Jahre später, immer noch so, inzwischen digital, aber ich mache mir eine Excel-Tabelle, schreibe alles rein, was zu dem Projekt gehört, alle Punkte, die wichtig sind, gut überschaubar, und gehe immer rein, abends, wenn ich schon im Bett bin, habe ich mein Laptop da in der Nähe oder mein Handy, da habe ich die Dateien auch draufgespiegelt, dann schaue ich kurz rein (30–60 Sekunden) und am Morgen beim Kaffee schaue ich da auch rein und bin immer fokussiert auf das Ziel, die Verschriftlichung hat mir sehr geholfen. Das würde ich Ihnen auch sehr empfehlen.

Verschriftlichen Sie Ihre Lern- und Arbeitspakete und -projekte, sodass Sie jederzeit eine Übersicht haben. Die Vorstellung, man könnte das alles im Kopf behalten und hätte damit die Übersicht, kann ich nicht teilen, denn es kommen immer kleine Details dazu, und die Übersicht, auch über die Details, in einer sehr kurzen Zeit, in wenigen Sekunden alles auf einem Blick zu haben, das ist einfach Gold wert, steigert die Arbeitseffizienz und hält die Motivation aufrecht. Ja, man muss sich nicht in die Sachen immer wieder neu eindenken.

1.5 Gedankliche Flexibilität

Obwohl ich alles verschriftlicht hatte, musste ich dann zum Ende der zehnten Klasse feststellen, dass das Endergebnis das war, dass ich in den Fächern, in denen ich gut oder sehr gut war, auf dem Level geblieben bin, in den Fächern, wo ich durchschnittlich war, konnte ich mich überwiegend verbessern, aber ich hatte drei oder vier Fächer, in denen war ich schon seit einigen Jahren nicht gut, und ich habe es nicht geschafft, trotz Mehranstrengung und viel Lernen, meine Noten da signifikant zu verbessern. So hatte ich meinen Gesamtdurchschnitt dann nach der zehnten Klasse von 2,5 auf 2,0 verbessert, aber das war dann auch schon das Ende der Fahnenstange, und ich musste dann auch eine Entscheidung treffen. Geholfen hat mir meine gedankliche Flexibilität den Fixstern nicht anzurühren, aber den Weg dorthin zu verändern, zumindest für ein Teilstück.

Es kam nämlich die Frage auf, da ich in den Fächern, in denen ich nicht so gut war, schon das Image eines schlechten Schülers hatte, ob ich die Schule wechseln sollte. Und da ab der elften Klasse die Leistungskurse dazukamen, die eine höhere Gewichtung haben, und bei der Feststellung der Abiturnote zu der damaligen Zeit, und soweit ich weiß auch heute, keine Rolle spielte, welche Fächer die Leistungskurse waren, hatte ich mir gedacht, dass ich in meinen besten Fächern, Sport und Mathematik, einen Leistungskurs belegen kann, und da meine Mitspieler aus dem Verein von einem Gymnasium wären, wo ziemlich sicher ein Sport-Leistungskurs zustande kommen sollte mit dem Schwerpunkt Basketball, habe ich gedacht, das wäre eine kluge Idee, die Schule zu wechseln. Und das tat ich dann auch. Allerdings kam dann der Sport-Leistungskurs nicht zustande, weil mindestens zwölf Anmeldungen notwendig gewesen wären, es haben sich aber nur neun

Schülerinnen und Schüler für einen Sport-Leistungskurs angemeldet, sodass überhaupt kein Sport-Leistungskurs zustande kam, und ich dann am Ende bei Mathematik und Biologie als Leistungskurse endete. Nichtsdestotrotz, bei dem Wechsel der Schule hatte ich einen Neustart, es kamen auch einige Schüler aus anderen Gymnasien, und das war wie ein Restart, ich hatte nicht mit den Imageproblemen vom ersten Gymnasium zu kämpfen, und stand dann auch sofort mit einem Einser-Durchschnitt, ich meine, das war damals 1,6 am Ende des ersten Halbjahres der elften Klasse. Das heißt, bereits da musste ich flexibel sein, ich hatte meinen Fixstern, mein Fixstern war damals ein Studienplatz an der medizinischen Fakultät, und die Voraussetzungen waren ein exzellenter Medizinertest und ein exzellentes Abitur, und um dieses Ziel des exzellenten Abiturs zu schaffen, war ein Schulwechsel notwendig, da musste ich auch langjährige Schulfreunde verlassen, auch die gewohnte Schulumgebung verlassen, eine neue Schule, neue Freundschaften knüpfen, und meinen ursprünglichen Plan mit Sport als einem der beiden Leistungskurse konnte ich auch nicht umsetzen, aber da muss man einfach flexibel bleiben.

Diese Flexibilität, dass man auf dem Weg zu seinem Fixstern mal links abbiegt, rechts abbiegt, mal einen Kreis dreht, und mal über einen Seitenpfad und Steine irgendwie weitergeht, das gehört dazu, aber solange Sie immer am Horizont Ihren Fixstern sehen, bleiben Sie angespannt und fokussiert, nehmen das eben auch in Kauf und passen sich den Situationen an. Ich glaube, dass dieses Element neben der Fähigkeit, mit Druck umzugehen, und auch dauerhaft an sich zu glauben und zu arbeiten und immer den Willen zu haben, sich zu verbessern, diese gedankliche Flexibilität und Geschmeidigkeit, sich immer wieder mit neuen Situationen positiv auseinanderzusetzen, dazugehört. Planen kann man viel, es gibt ja auch den Spruch „Der Mensch plant, Gott lacht." und so ist das wahre Leben.

Man kann noch so viel planen, das Leben bringt halt immer wieder neue Situationen, und die Tatsache, wie man mit diesen Situationen umgeht und wie man darauf reagiert, entscheidet eigentlich, wie man sich seinem Fixstern nähert. Denn Ereignisse gibt es immer wieder und die einen reagieren da sehr aggressiv, sehr emotional und sehr frustriert, andere versuchen, das dann zur Kenntnis zu nehmen und damit dann irgendwie professionell positiv umzugehen und daraus dann das Beste zu machen, so wie ein wachsender Baum, und so schnell wie möglich in die produktive Phase überzugehen, und manchmal ist es auch ein Trainingsspiel.

Ich erwische mich auch immer noch dabei, dass ich manchmal, wenn ich schlechte Nachrichten bekomme, erst mal emotional aufbrausend reagiere, beruhige mich aber dann nach wenigen Minuten verhältnismäßig schnell und versuche, die Sache wieder sachlich nüchtern zu sehen. Natürlich gibt es Enttäuschungen, Frustrationen und Rückschläge, aber das ergeht jedem so, zumindest habe ich keine Studienkollegen, Unternehmer oder Sportler kennengelernt, bei denen jahrelang immer die Sonne scheint. Sollten Sie so jemanden kennen, rufen Sie mich bitte an, ich suche seit Jahrzehnten nach solchen Menschen.

Das ist eine wie mit allen Dingen reine Trainingssache, man muss es einfach üben, es ist noch kein Meister vom Himmel gefallen und wenn man aber sensibel für solche Dinge ist, dass man auch diese Kompetenz dazulernen muss, wie gehe ich auch mit schlechten Nachrichten oder mit Planänderungen um, dann ist man gerüstet für die Zukunft.

Das Abitur war dann geschafft, schönes Einser-Abitur, und dann kam einige Monate nach dem Abitur der Medizinertest, ich konnte mich noch nicht sicher fühlen, dass ich einen Studienplatz habe, und war nun in den Vorbereitungen für den Medizinertest. Ich habe mir natürlich, wie alle Bewerberinnen und Bewerber, erst mal ein Übungsbuch gekauft und mich informiert, wie der Test aufgebaut ist und was man können muss, und dann hatte ich festgestellt, dass bei diesen Probetests, die ich gemacht habe, ich eine verhältnismäßig durchschnittliche Punktzahl erreicht habe. Dann haben wir uns umgehört und es kam das Problem auf, dass mir irgendwie klar wurde, dass mir der Test nicht wirklich liegt und zu der Zeit war eben die große Frage, ich erkannte für mich die Notwendigkeit, an zwei oder drei Übungskursen teilzunehmen, die angeboten wurden.

Jeder Kurs hat 400 oder 500 Mark gekostet, und wenn ich mich dann auf die Kurse hätte vorbereiten wollen, so wie ich es plante, hätte ich eben zwischen 1200 und 1300 D-Mark aufbauen müssen. Mein Vater hingegen war überhaupt nicht davon überzeugt und hat gesagt, ich solle das Geld, das eigentlich für einen Urlaub mit einigen guten Freunden geplant war, einplanen, denn er meinte, ich wäre ja so gut in der Schule, das dürfte ja wohl gar kein Problem sein, diesen Test gut zu bestehen. Da das aber ein entscheidendes Kriterium für den Studienplatz war, wollte ich kein Risiko eingehen und habe halt mit meinem Vater einen Deal ausgehandelt. Ich habe halt gesagt, dass ich dann eben nur eine Woche mit meinen Freunden wegfahre und entsprechend dann den Restbetrag bekomme für diese Kurse. Jobben gegangen bin ich dann auch noch, damals hatte ich einen Aushilfsjob an einer Tankstelle, habe dann eben dafür gejobbt und auch auf einen Teil meines Urlaubs verzichtet. Da sind wir auch eben bei dem Punkt, wie entschlossen sind Sie, Ihren Fixstern zu erreichen. Das Erreichen des Fixsterns wird auf dem Weg dahin auch mit Verzichtstaten verbunden sein. Sie werden Entscheidungen treffen müssen, gebe ich Geld für A oder B aus, und wenn eben A nicht direkt zum Fixstern führt, ist vielleicht der Verzicht eine gute Entscheidung. Sie können dann die finanziellen Ressourcen oder die Zeitressourcen nutzen, um dann in Ihr Ziel zu investieren. Das ist aber eine Standardübung, das sollte ein Mindeststandard sein.

Für mich hat sich das gelohnt, ich habe bei den Kursen bestimmte Techniken erlernt, wie ich bestimmte Aufgaben effizienter lösen kann, schneller lösen kann, und wie ich zu Hause in Selbstarbeit üben kann. Dann hatte ich erfreulicherweise auch bei dem Medizinertest die Testbestenquote erreicht, ich meine, das waren die etwa besten 10 % der Teilnehmer an dem Test, und aus dieser Kombination der Testbestenquote und dem Einser-Abitur habe ich dann meinen Wunschstudienplatz schließlich erhalten. So war das die erste Phase, wie gesagt, nichts ist älter als der Erfolg von gestern, und am Tag der Immatrikulation an der Medizinischen Fakultät der Universität zu Köln war dieser Fixstern erreicht und es war Zeit, sich einen neuen Fixstern zu suchen. Dazu später mehr.

Literatur

Althaber, A., Hess, J., & Pfahl, L. (2011). *Karriere mit Kind in der Wissenschaft: egalitärer Anspruch und tradierte Wirklichkeit der familiären Betreuungsarrangements von erfolgreichen Frauen und ihren Partnern* (S. 83–116). Opladen: Barbara Budrich.

Gündel, H., Glaser, J., & Angerer, P. (2014). *Arbeiten und gesund bleiben*. Berlin: Springer.

Hancke, K., Toth, B., & Kreienberg, R. (2011). Umfrage: Karriere und Familie–unmöglich. *Dtsch Arztebl, 108*(41), 2148–2152.

Heinze, R. G., & Strünck, C. (2001). Freiwilliges soziales Engagement – Potenziale und Fördermöglichkeiten. In *Bürgerengagement in Deutschland* (S. 233–253). Wiesbaden: VS Verlag für Sozialwissenschaften.

Hitzenberger, J., & Schuett, S. (2016). Selbstwertschätzung: Professionelles Selbstbewusstsein. In *Mitarbeiterführung in Krippe, Kindergarten & Hort* (S. 49–55). Berlin: Springer.

Ihsen, S., Buschmeyer, A., & Skok, R. (2008). *„Ingenieurinnen und Ingenieure im Spannungsfeld zwischen Beruf, Karriere und Familie (VDI-Bericht)"*. München: Technische Universität, Fachgebiet Gender Studies in Ingenieurwissenschaften.

Kraaz, C. (2021). *Nachhaltig leistungsfähig bleiben: Praxis-Tipps für den Business-Marathon*. Berlin: Springer.

Poulsen, I. (2006). Selbstwertschätzung und Selbstfürsorge. Burnoutprävention für Fachkräfte der Sozialen Arbeit. *Theorie und Praxis der Sozialen Arbeit, 2,* 59–64.

Rödl, M. (2010). Vereinbarkeit von Karriere und Familie als Teil der Unternehmensphilosophie der Wirtschaftskanzlei Rödl & Partner. In *Betriebliches Gesundheitsmanagement* (S. 233–240). Wiesbaden: Gabler.

Rusconi, A., & Solga, H. (2011). *Gemeinsam Karriere machen: Die Verflechtung von Berufskarrieren und Familie in Akademikerpartnerschaften* (S. 191). Opladen: Barbara Budrich.

Schulze, E. (2009). Stifterinnen und Stifter im deutschen Stiftungswesen. Eine Analyse der Motive, Ziele und Werte. In *Reichtum und Vermögen* (S. 173–183). Wiesbaden: VS Verlag für Sozialwissenschaften.

2
Transformation des Mindsets

Das MINDSET eines Menschen wird unterschiedlich definiert. Anwendungsorientiert ist es für mich eine Mischung aus der persönlichen Einstellung, der Verarbeitung des eigenen Erfahrungsschatzes und dem Lernen aus den Fehlern anderer, von Selbstmotivation, Disziplin und Belastbarkeit. Das alles ausgerichtet auf die Materialisierung des persönlichen Traumes, dem Fixstern im Kopf, einem starken unbändigen Willen, manchmal sogar besessen, unabhängig von den Rahmenbedingungen, ausgerichtet auf ein anstrengendes Langzeitrennen, ist ihr MINDSET. Die gute Nachricht ist, Sie können es gestalten, beeinflussen und verändern. Das MINDSET ist dynamisch und keine statische unbeeinflussbare Größe. Lösen Sie sich von dem, was war und konzentrieren Ihre ganze Kraft auf die Zukunft und Ihren Fixstern. Transformieren Sie Ihr Mindset.

2.1 Einstellung und Ziele setzen

„Wie machst du das?"
In den letzten Jahren wurde ich das immer wieder gefragt. Mein Neffe, Kollegen und Freunde fragten mich, und schließlich kam ich zu der Überzeugung, dass ich das kompakt zusammenfasse, damit andere aus meinen Erfahrungen lernen können und ihre Ziele effizienter erreichen. Mir ist auch bewusst, dass es zahlreiche unterschiedliche Ansätze gibt und so unterschiedlich diese erscheinen mögen, sie alle auf ihre Weise zum Erfolg führen können. Dieser Ratgeber spiegelt meine Ansichten und Empfehlungen.

Mit 50 Jahren habe ich viele private und berufliche Erfahrungen gemacht, Ziele erreicht, Ziele verfehlt, und dieses Buch soll Ihnen helfen, sich Ziele zu setzen, diese Ziele zu erreichen und Ihren Fixstern nie aus den Augen zu verlieren. Über Erfolgsfaktoren gibt es Tonnen an Diskussionsmaterial. Die einen gehen wissenschaftlich ran, wobei die eine Seite der Forscher die Erfolgsfaktorenforschung eher kritisch sieht, während andere sie für ein fantastisches Instrument halten. Grundsätzlich wird, auch außerhalb der Wissenschaft, vorgehalten, dass jemand, der über längere Zeit Erfolg gehabt hat, und den Sie fragen, was seine Erfolgsfaktoren/-kriterien sind, unabhängig davon, was wirklich in der Realität den Erfolgsausschlag gegeben hat, ihnen quasi alles erzählen könnte, weil es sich durch den Erfolg, den er vorgezeigt hat, quasi logisch auch nicht widerlegen lässt. Dass diese Kritik akzeptabel ist, verstehe ich. Es gibt aber bestimmte Rahmenbedingungen, Verhaltensempfehlungen und Kriterien, die man umsetzen und befolgen kann, und die eine recht hohe Wahrscheinlichkeit haben, jemanden persönlich zum Ziel zu führen, unabhängig davon, wie andere ihren Erfolg erreicht haben mögen. Sie können aus den zahlreichen Methoden- und Instrumentenangeboten, Erfahrungen und Einschätzungen das raussuchen, was für Sie am besten passt, und da sind Sie und Ihre Entscheidung gefordert. Es bleibt am Ende doch an Ihnen hängen, Entscheidungen zu treffen und mit den Konsequenzen zu leben. Um eine gute Entscheidung zu treffen oder grundsätzlich gute Entscheidungen treffen zu können, sollten Sie einen eigenen Wertekatalog haben, sich selbst gut kennen, und nur Sie allein können entscheiden, welche Vorgehensweisen am erfolgversprechendsten für Sie persönlich sind. Das heißt, die allererste Aufgabe ist, Sie können sich die Zeit nehmen und die Mühe machen, darüber nachzudenken, wer Sie sind, was Sie können und was Sie wollen. Und diese Hausaufgabe ist genau das, was Sie erbringen müssen, bevor Sie aus diesem Buch weiteren Nutzen ziehen können. Ich wünsche Ihnen viel Spaß. Denken Sie bitte darüber nach: Was sind Ihre Werte, wer sind Sie, was können Sie gut und wo wollen Sie hin?

Wichtig ist, sich auch klarzumachen, dass es auf dem langen Weg zum Ziel, zum Fixstern, zum Erfolg, viele Niederlagen und Rückschläge geben wird. Manche bezeichnen es als Scheitern, andere als Fehler, dritte wiederum als schicksalhafte Begegnungen. Wie auch immer die Bezeichnung ist, Sie müssen sich klarmachen, dass Sie in erster Linie daraus lernen können. Bei der Entscheidung, was Ihr persönlicher Fixstern ist, müssen Sie sich auch immer klarmachen, dass Sie sich entscheiden müssen zwischen einem selbst- oder fremdbestimmten Leben. Auch der Aspekt aus den Rechten und Pflichten aus unserem Grundgesetz und den demokratisch-freiheitlichen Rahmenbedingungen frei entscheiden zu können, wie Sie Ihr eigenes Privat- und Berufsleben in jede erdenkliche Richtung entfalten können, sollte in Ihnen starke Zuversicht und positive Energie bewirken. Alle Wege sind möglich und das Fundament dafür legen Sie durch eine kompromisslose Lern- und Arbeitseinstellung über viele Jahre.

Zusammengefasst bedeutet das, dass Sie bei der Wahl Ihres Fixsterns immer überlegen müssen: Ist es das, was ich möchte oder ist es ein Ziel, welches mir von außen aufgedrängt wird? Es kann auch sein, dass ein von außen nahegelegtes Ziel wie z. B. die Übernahme eines Familienbetriebes oder eine bestimmte Ausbildungsrichtung Ihnen trotzdem sehr gut gefällt und Sie haben trotzdem die Freiheit, den Weg und die Umsetzung dieses Pfades und der Wirkung daraus auf Ihre Zukunft selbst zu gestalten. Das sollte man als große Chance verstehen und die Möglichkeiten in unserer Gesellschaft positiv und aktiv nutzen.

Natürlich gehört zu solchen Entscheidungen auch, dass man den Mut hat und den Entscheidungswillen, seinen eigenen Weg zu gehen, und zu irgendeinem Zeitpunkt werden Sie eine Entscheidung treffen müssen. Es gibt den Spruch „Der Mensch plant, Gott lacht." und in der Tat ist das Leben durchtränkt von Unvorhersehbarkeiten, Umentscheidungen und Ereignissen, die man nicht voraussehen kann. Solange man aber seinen Fixstern im Auge hat, sich auf seine kompromisslose radikale Lern- und Arbeitseinstellung verlassen kann und diese Makroansicht behält, kann man mit den Ereignissen auf Mikroebene entspannter umgehen. Das große Ganze aus der Hubschrauberperspektive gibt einem das Gefühl, dass die Erfahrungen und Ereignisse der Gegenwart nur scheinbar einen vom Weg abführen, aus der Makroperspektive eben dazu beitragen, durch Erfahrungen und dem Lernen aus diesen Erfahrungen, ein Stückchen weiter dem Ziel entgegenzustreben. Man sagt, das Leben sei eine Summe von vielen hunderten Entscheidungen, und letztlich ist es auch so. Man wird immer einen Prozentsatz an Entscheidungen haben, die rückblickend negativ waren. Aber das Leben ist ein zusammenhängendes Gebilde und man muss es immer positiv betrachten, dass alles einen Nutzen hat in Bezug auf das Erreichen des Fixsterns.

Ich empfehle Ihnen eine wöchentliche oder zweiwöchentliche Routineübung, die 30 Minuten dauert. Ich persönlich nenne sie **„konzeptionelles Denken"**. Sie ziehen sich dabei wöchentlich an einen neutralen Ort zurück, an dem Sie gerne sind. Das kann Ihre Wohnung sein, ein Restaurant, ein Café oder Sie fahren irgendwohin mit Ihrem Auto und parken dort für eine halbe Stunde, und durchdenken, ob Sie mit Ihrer aktuellen Aktivität Richtung Fixstern unterwegs sind, ob Ihre Aktivitäten korrigiert werden könnten, und versuchen zu spiegeln, ob Ihre Entscheidungen Sie Richtung Ziel führen. Dabei versuchen Sie immer, sich selbst und auch Ihre Gegenwart zu reflektieren und zu durchdenken. Immer mit dem Ziel, die gegenwärtigen und zukünftigen Entscheidungen positiv zu beeinflussen. Der Antrieb für viele Personen ist unterschiedlich. Die einen streben nach Ruhm, andere streben nach einem akademischen Ziel, wiederum andere möchten ihr eigenes Unternehmen gründen oder als Angestellter zum Erfolg eines Unternehmens beitragen.

Wie auch immer Ihre beruflichen Ziele sind, sei es das Überwinden von Mittelmäßigkeit oder die Abkehr von Langeweile, versuchen Sie immer, das Ziel zu wählen, das in Einklang mit Ihrer individuellen Natur ist. Dafür sollten Sie sich Zeit nehmen, sich zu überlegen: Wer bin ich, was mache ich gerne und wo möchte ich hin? Wie auch immer Ihr Ziel ist, es empfiehlt sich, die bereits erwähne SWOT-Analyse zu machen, ein Stärken-Schwächen-Profil von sich selbst, welche Chancen, welche Risiken Sie sehen beim Verfolgen eines Zieles, um ein besseres Gespür zu bekommen, wer Sie sind, was Ihre Werte sind, was Ihnen privat und beruflich wichtig ist, und welche Risiken Sie auf dem Weg zu Ihrem Fixstern eingehen werden.

Trotz der digitalen Transformation der Gesellschaft und Industrie haben sich Kernelemente wie Fleiß (= harte Arbeit), Zielstrebigkeit, Disziplin, Belastbarkeit, offenes Denken und Beharrlichkeit als Erfolgsfaktoren („Tugenden des Erfolges") nicht geändert. Sie müssen Ihren gewählten Fixstern mit aller Entschlossenheit und Beharrlichkeit

Abb. 2.1 „Betonblöcke als Fundament" nach Plugmann (eigene Darstellung). Diese Abbildung beschreibt, wie Sie bausteinartig über das konzeptionelle Denken und den Tugenden des Erfolges zum Ziel kommen

verfolgen. Auf dem Weg dorthin sind Ausreden kontraproduktiv. Sie müssen sich voll und ganz diesem Ziel verpflichten und alle organisatorischen Rahmenbedingungen erwirken und herbeiführen, die notwendig sind, damit Sie erfolgreich sind. Nur dann werden Sie erfolgreich sein.

Anhand von (Abb. 2.1) können Sie sich überlegen, wie Sie Ihre Gedankenwelt und Strategie in die eigene Alltagsrealität integrieren können:

Wichtig ist, dass Sie sich angewöhnen, nach Erreichen eines Zieles sofort das nächste Ziel zu setzen, um den Spannungsbogen aufrechtzuerhalten.

2.2 Sich hohe Ziele setzen

Kürzlich feierte ich meinen 50. Geburtstag und hatte dann in den Folgetagen Zeit, noch mal über die letzten 50 Jahre nachzudenken. Viele meiner Freunde und beruflichen Kontakte fragten mich immer wieder: „Sag mal, wie machst du das eigentlich? Wie schaffst du das alles?".

Da ich die Frage immer wieder hörte und mich selbst fragte, warum das für die Außenwelt etwas Besonderes ist, wenn man rund um die Uhr Vollgas gibt, habe ich mich motivieren lassen, ein Ratgeberbuch zu erstellen, um einfach ein paar praktische Tipps und Tricks an die Hand zu geben, wie man sich Ziele setzt und diese erreicht:

- **Was sind Ziele und wie setzt man sich Ziele?**

Wenn man jetzt einen Spitzensportler fragt, wie er sich die Ziele gesetzt hat, einen Spitzenarzt, Spitzenmalermeister, Spitzenmetzger oder eine/n Spitzenmutter oder -vater, abhängig davon, ob die persönlichen Ziele klein, mittel oder groß sind, mehr im Beruflichen oder mehr im Privaten sind oder in beiden Bereichen, da muss man sich bei diesen Erfolgsfaktorenrecherchen auch immer fragen: Ist die Person, die sich ein bestimmtes Ziel gesetzt hat für dieses Ziel niedrig, mittel oder hochgradig talentiert? Sind die Voraussetzungen und Rahmenbedingungen günstig oder ungünstig? Denn es versteht sich von selbst, dass jemand, der sehr gute Rahmenbedingungen hat, wie viele andere auch, noch keine Resultate vorgelegt hat und für das Erreichen hoher Ziele einen langen anstrengenden steinigen Weg gehen muss. Es muss noch der Beweis erbracht werden, eben unabhängig von der Ausgangslage, einen solchen Weg gehen zu wollen und diesen dann dauerhaft zu beschreiten. Somit ist die Ausganglage sekundär, den Sieger erkennt man am Ziel, nicht am Start. Sagen wir mal elterlicherseits, vom sozialen und finanziellen Rahmen oder einfach, weil er mit einem sehr guten Talent begnadet ist, oder ist es eben jemand, der ein durchschnittliches Talent hat, wie viele andere auch.

> **Tip**
> Ich selbst gehöre zu der Kategorie des durchschnittlichen Talents, aber ich bin halt eine brutale Arbeits- und Lernmaschine.

Diesen Aspekt möchte ich Ihnen in diesem Buch unter anderem auch näherbringen, denn trotz digitalen Zeiten hat sich an den Rahmenbedingungen, um dauerhaft erfolgreich zu sein, nichts geändert. Da wiederhole ich mich sehr gerne solange, bis Sie es im Schlaf singen können. Das sind nämlich Fleiß, Disziplin, Zuverlässigkeit, Einsatz, Belastbarkeit und das über viele, viele Jahre. Natürlich gibt es Höhen und Tiefen. Auch ich habe Phasen, wo ich weniger mache oder faul auf der Couch liege, aber das Ziel, der Fixstern am Horizont, da, wo ich hinmöchte, habe ich nie aus den Augen verloren, niemals.

Sicher kennen Sie die Sprüche aus Ihrer Jugendzeit: „Sei zufrieden mit dem, was du hast", oder „Wer hoch fliegt, der kann auch tief sinken." Mein Gott, was musste man sich als Jugendlicher alles anhören und teilweise auch als Student. Später bei den Unternehmensgründungen habe ich mir angewöhnt, hinzuhören und das Positive herauszufiltern.

Es ist einfach wichtig, dass Sie sich ein Ziel setzen und ungeachtet der Hindernisse, die auf Sie zukommen, dranbleiben. Ich werde in diesem Buch immer wieder humoristisch alte Geschichten aus dem Hut zaubern oder Erfahrungen erzählen und Ihnen einfach Dinge berichten, die anderen widerfahren sind, um im entsprechenden Teil des Buches auch die lustige Seite dieses Weges, den man hat, wenn man ein Ziel verfolgt, zu visualisieren und Ihnen auch einige persönliche Eindrücke von meinem Weg mitzugeben, die Ihnen einfach zeigen sollen, dass man auch mit einem durchschnittlichen Talent, aber einer brutalen Arbeitsleistung und einer sehr positiven Lerneinstellung, die Ziele langfristig erreicht.

Man kann sich klarmachen, dass sich hohe Ziele zu setzen, diese zu erreichen auch immer eine Komponente des Wettbewerbs hat, denn da, wo Sie hinwollen, da wollen auch andere hin. Sie stehen immer in einer Wettbewerbssituation, sei es die Zulassung für bestimmte Studienplätze, sei es ein Ausbildungsplatz bei einem Unternehmen, welches Sie interessant finden, sei es eine Partnerin oder ein Partner, in die Sie sich verliebt haben, denn Sie sind nicht der oder die einzige. Man sollte sich klar machen, dass das Leben – ob wir das wollen oder nicht – gekennzeichnet ist von Wettbewerb und das kann man positiv sehen. Es regt uns an, es macht uns kreativ, angriffslustig und man muss sich aus der Perspektive lösen, man könnte quasi autark ein Ziel verfolgen, sondern es ist immer eine Wettbewerbssituation. Und das mag sich für Sie komisch anhören, aber manchmal ist man im Wettbewerb mit sich selbst.

Hohe Ziele sind wichtig, denn Sie entfalten die Wirkung eines Magneten. Je höher das Ziel, desto stärker die Sogwirkung. Sie wissen, dass Sie dieses hohe Ziel nicht im Vorbeilaufen erreichen, und es wird schwer. Das öffnet Ihre Kreativität, Fantasie, Energieressourcen und Kampfbereitschaft. Wichtig sind auf dem Weg zum Erfolg die Befindlichkeiten und Sensibilität der Menschen, mit denen Sie interagieren, zu berücksichtigen. Sie müssen eine emotionale Antenne haben und fühlen, was geht und was nicht. Denn zum Teil hängt der Weg zum Fixstern auch davon ab, wer Ihnen bestimmte Türen öffnet, Gelegenheiten bietet und sich bemüht, Sie mit anderen interessanten Menschen in Kontakt zu bringen.

Ich erinnere mich an meine erste Erfahrung auf dem Weg zum Fixstern und den Gefühlen von Menschen, die Einfluss auf meinen Werdegang hatten, wie ich mich langsam aber sicher anfing zu verbiegen, im Sinne von ich musste lernen, ob ich opportunistisch vorgehe oder nicht. Ich erinnere mich herzhaft an eine Erfahrung mit meiner damaligen Sportlehrerin in der 10. Klasse.

Ich muss gestehen, ich habe einen manchmal etwas gewöhnungsbedürftigen Humor und unsere Sportlehrerin hat damals – heute sicher auch noch, für den Fall, dass Sie noch in dem Bereich tätig ist – den Sport so ernst genommen, dass sie keine humoristischen Kommentare zum

Thema Sport duldete. Da kam ich natürlich als Schüler mit schrägem Humor genau richtig. Ich habe also immer Sprüche abgelassen wie: „Sport finde ich auch gut, besonders die Sportschau", und das führte dazu, dass ich bei den Bundesjugendspielen folgende Erfahrung machte: Wir hatten diesen 800-Meter-Lauf und ich kam damals mit vier anderen Jungs und Mädels zur gleichen Zeit durchs Ziel und alle bekamen eine Eins, außer ich. Ich bekam eine Zwei und in meiner etwas frechen Art ging ich dann zur Sportlehrerin etwas später erneut hin und bat sie (unter vier Augen) mir zu erläutern, warum ich jetzt eine Zwei habe und die anderen vier Schülerinnen und Schüler, die auch zeitgleich mit mir über die Ziellinie gelaufen kamen, alle eine Eins haben. Dann erläuterte sie mir die Note wie folgt. Als Einführung sagte sie: „Philipp, dass ein Schüler wie du es überhaupt wagt, die Notenbildung eines erwachsenen Lehrers infrage zu stellen, ist schon eine Frechheit."

Dann erklärte sie mir, dass die Zeit natürlich sehr gut war, aber der Laufstil eben nur eine 3 – und das mache dann zusammen eine 2. Als ich abends meinem Vater das erzählte, schaute er mich an und sagte eine zwei sei doch auch eine gute Note und ich sollte nicht traurig sein, dass die anderen schneller waren. So schnell lernte ich, Lehrer nicht zu reizen, sondern besser wie ein Fähnchen im Wind mitzuschwingen. Das war der Deal. Meinen Mathematiklehrer in der 10. Klasse in der Schach AG zu schlagen, ihm bei der Revanche kurz vor Schluss (höflicherweise) ein Remis anzubieten, welches er ablehnte und dann erneut zu schlagen, war keine kluge Idee. Sonst immer eine sichere 2, rutschte ich auf 3 ab und da halfen auch keine Diskussionen mehr. Man muss auf die Gefühle und Befindlichkeiten seiner Mitmenschen achten und einschätzen lernen, welche Worte oder Taten zu welchen Reaktionen führen werden. Die Entscheidung liegt immer bei einem selbst, möchte man sein Fixstern effizient erreichen oder nicht. Ich habe es mit dem Humor bei meiner Sportlehrerin übertrieben, obwohl sie mehrfach gesagt hat, dass sie es nicht lustig findet und meinen Mathematiklehrer im Schach herausgefordert, ohne ihm vorher zu sagen, dass ich im Verein Schach spielte und bereits Turniererfahrung gegen deutlich ältere Spieler, teilweise aus der Landesliga, erfolgreich bestritten hatte. Wenn man andere Menschen gewollt oder ungewollt, emotional verletzt, dann darf man sich nicht wundern, wenn es Rückkopplungen unerwünschter Art gibt. Auf dem Weg zum Fixstern gilt also, die Etikette wahren und Rücksicht auf seine Mitmenschen nehmen. Außerdem heißt es auch, man würde sich im Leben immer mindestens zweimal sehen und auf einer langen Reise zum Fixstern wissen Sie nie, wer da plötzlich wieder um die Ecke kommt.

2.3 Selbstmotivation und Belastbarkeit

„**Was möchten Sie im Leben erreichen, und wie definieren Sie Erfolg?**"

Die Wahl der Fragen ist unendlich, im Kern geht es darum, was Sie ganz tief in sich drin wirklich erreichen wollen. Erlauben Sie mir an dieser Stelle etwas provokativ zu fragen:

- **Wollen Sie im Mittelmaß versinken?**

Die gute Nachricht ist, dass Sie in einer demokratischen Gesellschaft leben, in der Sie das Recht haben, nichts zu tun und eben auch viel zu tun. Sie können Ihren Lebensstil eigenverantwortlich gestalten. Diese Frage hat primär nichts mit Finanzen zu tun. Es geht mehr in die Richtung, ob Sie das Ziel haben, Menschen in einem bestimmten Tätigkeitsbereich mit herausragenden Produkten und Dienstleistungen zu begeistern, sei es angestellt, selbstständig oder kombiniert. Möchten Sie in dem Bereich, in dem Sie beruflich aktiv sind, durch ausgezeichnete Fachkenntnisse über die Produkte und Dienstleistungen verfügen, solche herzustellen oder zu entwickeln und immer durch Innovation, Kreativität und Empathie voranzugehen?

Wir leben in einer Leistungsgesellschaft, das verursacht Stress und hat Einfluss auf die Alltagsrealität des Individuums (von Kunhardt 2014). Dabei stehen Organisationen, Unternehmen, Institutionen und Individuen in einem ständigen Wettbewerb. Leistung basiert auf Erfahrung und Wissen. Da sich die Halbwertszeit des Wissens je nach Fachgebiet alle 5–7 Jahre halbiert, müssen Sie dranbleiben. Fort- und Weiterbildungen jedes Jahr, dazu Konferenzen, Fachtagungen und das Lesen von Fachliteratur sind Mindestanforderungen, um besser zu sein als der Durchschnitt in Ihrem Fachbereich. Ansonsten werden Sie austauschbar und haben kein Differenzierungsmerkmal. Diese Mehrfachbelastung „Arbeiten, Lernen, Schlafen, Arbeiten, Lernen, Schlafen, Arbeiten, Lernen, Schlafen" über einen langen Zeitraum von mehreren Monaten oder Jahren, führt zu Stress und Druck. Michalk (2019) beschreibt in seinem Buch „Gesundheit optimieren – Leistungsfähigkeit steigern: Fit mit Biochemie" wie Sie mit Ernährung an den Stellschrauben der Leistungsfähigkeit drehen können. Reif et al. (2018) helfen den Lesern mit Tipps zur Gesundheitsförderung und Stressbewältigung und Fuchs und Gerber (2018) zeigen auf, dass Sport einen wesentlichen Beitrag zur Stressregulation beitragen kann. Dies zeigt Ihnen, dass Sie auf diese einzelnen Faktoren positiven Einfluss ausüben können, und somit sollten sie einen Fahrplan entwickeln, wie die einzelnen Bereiche ihrerseits optimiert werden können. Danach fangen Sie an, Schritt für Schritt umzusetzen und Ihre Alltagsrealität zu verändern. Wenn im Laufe der

Zeit eine große Hürde auf Sie zukommt, die Ihnen möglicherweise Angst einjagt oder unüberwindbar scheint, haben Sie verschiedene Möglichkeiten: aufgeben oder weitermachen. An dieser Stelle können Sie durch Selbstmotivation und Belastbarkeit auftrumpfen.

Landes et al. (2021) beschreiben zum Schwerpunkt Selbstmotivation, dass man auch im Homeoffice erfolgreich und gesund mit Unterstützung der Selbstmotivation beisteuern kann. Hennerfeind et al. (2020) zeigen, dass Selbstmotivation, Selbstkritik und Motivation eng beieinander liegen können und thematisieren, dass eine Führungskraft im Vorteil ist, wenn sie sich selbst motivieren und begeistern kann. Groß (2013) bringt Selbstmotivation und Selbstführung im Berufsalltag in Bezug und stellt heraus, dass Selbstmotivation auch ein Stück Führungsarbeit im Hinblick auf sich selbst darstellt.

Das ist somit mit Arbeit und mentaler Anstrengung verbunden, sich selbst bei der Stange zu halten und in seinem Eifer und Engagement nicht nachzulassen. Selbstmotivation bekommen Sie über Ihren Fixstern. Visualisieren Sie sich Ihre Zukunft mit der Kraft Ihrer Fantasie und genießen die Vorstellung, schon in dieser Zukunft angekommen zu sein. Die Belastbarkeit, das Aushalten von Müdigkeit, Druck und beispielsweise das Einhalten von Abgabefristen oder Termindruck kann Ihnen keiner nehmen. Das ist Ihr Job, reißen Sie sich zusammen. Für die Selbstmotivation und Belastbarkeit benutze ich die Gedankentechnik der „negativen Spiegelung", so nenne ich es zumindest für mich, d. h. ich stelle mir vor, ich wäre einer dieser Krebspatienten, mit denen ich mich als junger Student oft ausgetauscht habe, ich würde in einem Land wohnen in dem ich keinen Zugang zu Bildung und Gesundheit hätte wie in Deutschland oder ich wäre in einer Zeitschleife gefangen, aus der ich nicht entrinnen könnte. Das erzeugt in mir eine solche Angst und ein Unwohlsein, dass ich mich durchschüttele und mich daran erfreue und dankbar bin, dass die Rahmenbedingungen in Ordnung sind und das ich die Möglichkeit überhaupt habe, aus eigener Kraft Vollgas zu geben. Jeder kann es anders machen, der Fantasie sind keine Grenzen gesetzt. Aber man kann sich auch klar machen, dass alles viel schlimmer sein könnte und dass es fast schon ein Luxus ist, in einer Gesellschaft zu leben, wo man einfach seine Zukunft positiv so gestalten kann, wie es einem gefällt. Das ist doch klasse. Worauf warten Sie noch – geben Sie Gas!

Lebenslanges Lernen ist heutzutage keine Seltenheit mehr und auch nach einer längeren Pause reine Übungssache. Hoffmann und Engelkamp (2016) zeigen im Rahmen der Lern- und Gedächtnispsychologie, Handlungsempfehlungen auf seine Gehirnleistung zu aktivieren, Prenzel (1993) spricht Themen der Autonomie und Motivation im Lernen Erwachsener an und Kade und Seitter (2013) zeigen mögliche Bildungswelten in der Erwachsenenbildung im Zusammenhang mit lebenslangem Lernen. Das man Lernen soll zu Lernen, ist bekannt. Es empfiehlt sich, gerade in digitalen Zeiten, neue Wege zu gehen, um sich Informationen und Wissen anzueignen und auf den aktuellsten Stand zu bringen. Dabei spielt das Element der Autodidaktik eine wichtige Rolle. Dazu möchte ich Ihnen gerne eine Anekdote erzählen:

In der Schule durfte ich Ende der 9. Klasse in den Sommerferien motiviert durch meine Religionslehrerin ein Strafreferat machen. Meine Aufgabe bestand darin, nach den großen Sommerferien eine Führung durch die Kirche St. Maria im Kapitol in der Nähe des Kölner Heumarktes für unsere Klasse durchzuführen. Dabei sollte ich die Unterschiede der Baustile romanischer und gotischer Kirchen erklären und zum Schluss noch einige Informationen zur präbyzantinischen Kirchenarchitektur ergänzen.

Der Frust war groß, denn ich hatte von diesem Thema keine Ahnung. Ich fing in der Kölner Stadtbibliothek in der Kölner Innenstadt an. Als ich die Mitarbeiter der Stadtbibliothek fragte, wo ich was über Kirchenarchitektur nachlesen kann, erntete ich bereits erste kritische Blicke. Dann konnte ich mich etwas einlesen, kam aber nicht recht weiter. Also beschloss ich, zur Kirche zu gehen und setzte mich rein, es war schön, still, kühl (im Sommer sehr entspannend) und ich schaute mich um, dann saß ich eine Weile und dachte darüber nach, was wohl passieren würde, wenn ich nicht weiterkomme mit dem Referat. Da kam auch schon der Pfarrer und fragte mich, wie es mir geht. Ich erläuterte ihm mein Problem und er bot mir an, zu einem späteren Termin eine Führung mit mir zu machen. Das half mir sehr und nach dieser Führung konnte ich mir weitere Fragen überlegen und Freunde fragen. Einer meiner Freunde hatte einen Vater, der Architekt war, und der erzählte mir mehr. Am Ende der Sommerferien hatte ich genug Informationen, um ein Referat samt Führung zu gestalten. Die Lehrerin war zufrieden. Und ich hatte gelernt, dass mit entsprechender Motivation und Hilfe, man eigentlich in viele Wissensfelder eintauchen kann, teilweise autodidaktisch. Auf jeden Fall hat es mir die Angst genommen, wenn man wissenstechnisch bei Null startet. Sie sollten auch keine Angst haben und die Kompetenz des autodidaktischen Lernens üben. Sie werden sich wundern, was auf einmal alles geht und welche Wissenswelten sich für Sie öffnen werden.

2.4 Gute Rahmenbedingungen und der persönliche Traum

Aus meinen eigenen Erfahrungen muss ich gestehen, neige ich auch dazu, mich manchmal über die Rahmenbedingungen zu beschweren. Wenn wir realistisch sind, geht es uns hier in Deutschland, global betrachtet, ausgezeichnet. Ich hatte das Privileg, in den letzten 20 Jahren viel herumgekommen zu sein. In Asien, im Mittleren Osten, in Afrika, in Nordamerika, in Europa auch. Und komme zu der Erkenntnis, jedes Mal, wenn ich zurückgekommen und in Frankfurt gelandet bin, war ich froh, dass ich wieder in Deutschland bin. Ich kann Ihnen da einige Anekdoten erzählen. Beispielsweise als ich 2009 im Rahmen einer einwöchigen Weiterbildung in Kapstadt Südafrika war, hat man sehr schnell gesehen, wie es in manchen Ländern auch zugehen kann. Zum Beispiel, wenn man dort in eine Arztpraxis kommt oder in ein Krankenhaus, dann hängt dort nicht ein Schild an der Wand mit einem durchgestrichenen Handy, also dass man sein Mobilfunk, sein Mobilhandy ausschalten soll, sondern man hat dort ein Schild an der Wand mit einem durchgestrichenen Revolver, also das keine Schusswaffen in der Arztpraxis getragen werden dürfen. Viele Häuser sind mit Zäunen und Stacheldraht versehen. Aber nicht nur Stacheldraht wie wir das kennen, sondern wirklich schon hochwertige Stacheldraht-Konstruktionen mit Widerhaken und Schnittflächen.

Die Kriminalitätsrate ist in Südafrika enorm, und wir wurden täglich darauf hingewiesen, dass wir mit Sicherheitspersonen nur dort und dort und nur zu der und der Uhrzeit überhaupt bestimmte Institutionen besuchen dürfen. Wenn ich mir mein erstes Erlebnis in San Francisco anschaue, als ich da aus dem Hotel gelaufen bin. Muss ich sagen, so viele Obdachlose und Menschen, die betteln und sichtbar Verarmte habe ich auch noch nie gesehen. Wenn ich auch an die Zeltstädte in den USA denke in den vergangenen Jahren. Oder jetzt einfach beispielsweise in Indien. Die Erfahrungen in Mumbai mit der offenen Kanalisation und dem sehr unterschiedlichen Gesundheitssystem. Betrachtet man das ganze Paket für die Gesamtbevölkerung, so lassen wir hier niemanden fallen. Wir haben ein Gemeinschaftssystem, wo wir doch versuchen, niemanden durchs Netz fallen zu lassen. Und das ist eben international herausragend. Man sieht jetzt auch in der Corona-Krise das unser Gesundheitssystem und unsere Strukturen zumindest im Vergleich zu anderen europäischen und anderen Ländern stärker und effizienter aufgestellt sind. Und wenn wir davon sprechen, beruflichen Erfolg zu erreichen, was immer mit Bildung und Gesundheit verbunden ist, muss man leistungsfähig und belastbar sein, körperlich und psychisch, und man muss auch den Zugang zur Bildung haben. So ist unser System hier so, dass man doch, auch wenn man beispielsweise während der Schulzeit Probleme hatte oder nach bestandener Lehre einige Jahre im Beruf ist und sich überlegt, sich weiterentwickeln, berufsbegleitend zu studieren, dann gibt es bei uns gute Rahmenbedingungen. Versuchen Sie einmal, in Amerika ohne Finanzmittel zu studieren. Oder es gibt halt auch Länder, da geht es nicht um die Leistungen, das Potenzial oder den Willen der Kandidaten, sondern eben darum, wie man sich politisch oder sozial engagiert, was man außerhalb der Lernsituation so macht, was eigentlich mit dem Lernen an sich nichts zu tun hat.

Insofern, meine persönliche Erfahrung ist: Wir haben hier in Deutschland optimale Rahmenbedingungen, um berufliche Ziele zu erreichen. Es wird nie perfekt sein und es wird nie für alle zufriedenstellend sein. Aber im Paket, gesamtgesellschaftlich betrachtet, sind die Chancen nach meinen internationalen Erfahrungen für viele vorhanden und jetzt sind Sie gefragt, Ihre Entscheidung zu treffen und sich dazu zu bekennen, dass Sie ein bestimmtes Ziel haben und eben unter diesen exzellenten Rahmenbedingungen (im internationalen Vergleich) Gas zu geben. Ich freue mich jetzt schon für Sie!

Der persönliche Traum – niemals aufgeben
Der persönliche Traum ist etwas sehr Intimes. Es ist Ihr persönlicher Fixstern. Damit Sie aus diesem Traum endlose Energie für sich ziehen können, müssen Sie den Traum für sich behalten. Das ist der Preis. Der Traum besteht aus vielen kleinen, mittleren und großen Zwischenzielen, aber, was auch Ihr ganz persönlicher Traum ist, den sollten Sie für sich behalten. Manchmal fragt man sich: „Wie groß darf denn mein Traum sein?" Und die Antwort ist: „Je größer, desto besser."

Die Traumwelt ist offen und Ihrer Fantasie sind keine Grenzen gesetzt. Ich habe als Jugendlicher oft im Gespräch mit verschiedenen Personen sinngemäß Dinge gehört wie: Junge, sei realistisch, Junge, ja, das kann sein, Träumer fliegen hoch und fallen tief. Und Standardaussagen wie: Das schaffst du nicht. Und am liebsten waren mir Personen, die nicht geantwortet haben, sondern mich einfach ausgelacht haben. Es hat letztlich gar keinen Sinn, mit Außenstehenden, außer vielleicht mit seiner Familie, über Träume, Wünsche und Ziele zu sprechen, denn, ob Ihr Umfeld Ihnen zustimmt oder nicht, darf überhaupt keinen Einfluss auf Ihre Aktivitäten und auf die Entfachung Ihres Leistungsfeuers haben. Jetzt ist sicher ein guter Augenblick für ein Beispiel.

Ich erzähle Ihnen einfach mal ein Beispiel aus meiner Schulzeit, das sehr schön visualisiert, welche Irrelevanz die Bewertung durch Dritte hat, ob ein Traum, ein Wunsch, ein Ziel von einer dritten Person positiv oder negativ betrachtet wird. Wir hatten damals im Kunstunterricht in der elften Klasse, an dem neuen Gymnasium zu dem ich gewechselt war, eine Aufgabe. Wir sollten uns kreativ zu einem Wunschthema Gedanken machen und das dann auch in einem Kunstprojekt umsetzen, das mit sozialkritischen Aussagen zu tun hat. Aber bei der Wahl des Themas waren wir frei. Da ich damals in meiner Freizeit im Verein Basketball spielte, einen Basketball zu Hause hatte und gleichzeitig auch mit Modellbau und Eisenbahnbau in meiner Freizeit gern beschäftigt war, habe ich einfach einen Basketball genommen und habe diesen entsprechend mit Kontinenten bemalt und mit den verschiedenen Bäumen, Bergen und Rasenflächen usw. ausgestattet und habe es dann auch mit Watte und verschiedenen Farben gestaltet, sodass der Basketball so ein bisschen aussah wie ein Planet, auf dem zwei, drei Fabriken arbeiten und dunkle Wolken – die dunklen Wolken standen für Schmutz usw. – durch die Gegend fliegen. Und dann habe ich bei der Präsentation vor der Lehrerin den Ball zwei-, dreimal gedribbelt und habe dann ergänzt, ja, wir spielen mit der Zukunft unserer Erde, und habe dabei praktisch dieses Wortspiel „spielen" und „mit der Zukunft der Erde spielen" benutzt und habe dann mit großen offenen Augen erwartungsvoll die Lehrerin angeschaut.

Was passierte: Die Lehrerin stampfte mit den Füßen und kritisierte mich vor der gesamten Klasse. Sie hätte selten einen so faulen Schüler wie mich erlebt, es wäre an Einfallslosigkeit und Einfachheit nicht zu toppen, ich hätte mir überhaupt keine Mühe gegeben, die von ihr gestellten Aufgaben umzusetzen. Man würde sehen, dass Kunst überhaupt nichts für mich ist, und ich wäre ein abschreckendes Beispiel, wie man als Schüler faul sein könnte und sich nicht mal die Mühe machen würde, das zu verbergen. Ich war natürlich am Boden zerstört, bekam dort eine vier für diese Arbeit und noch ein paar warme Worte mit auf den Weg und lief natürlich die nächsten Tage mit gesenktem Haupt über den Schulhof, weil ich auch vor der Klasse richtig zurechtgewiesen wurde.

Wie der Zufall es so wollte, verließ einige Wochen später diese Lehrerin aus diversen Gründen die Schule und wir bekamen dann einen anderen Lehrer, der sich zwar diese Arbeit dann nicht mehr anschaute, aber einen gänzlich anderen Ansatz hatte. Er sagte uns, Kunst und Kreativität wohnen in jedem Menschen, jeder Mensch kann sich auf vielfältige Weise künstlerisch, kreativ, handwerklich, schriftstellerisch ausdrücken, Musik sei auch ein Teil davon, und er ist sich sicher, dass alle in der Klasse, jeder auf seine Weise, im künstlerisch-kreativen Bereich etwas mitzuteilen habe. Wir sollen keine Angst haben, würden alle gute Noten bekommen, und wir hätten alle Freiheiten, uns bei der jeweiligen Arbeit so auszudrücken, wie wir möchten. Ich muss sagen, dieser Kunst-Grundkurs, den ich bis zum Abitur hatte, war erfüllt von Leben, von Vertrauen, von Zuversicht, von Kommunikation, Interaktion, auch zwischen den Schülerinnen und Schülern, und für diese Erfahrung bin ich sehr dankbar. Das heißt, es war sehr schön, zu sehen, wie in einem Bereich ein Individuum alles sehr kritisch sieht, sehr energieraubend fungiert, quasi Lebensenergie entzieht und ein anderer im gleichen Arbeitsfeld komplett anders aktiv ist, die Leute aktiviert, motiviert, Freude spendet und auf jeden versucht, individuell einzugehen. Und ich erzähle Ihnen einfach diese Erfahrung aus meiner Schulzeit, weil ich oft solche Erfahrungen machen konnte, in der Schule, in früheren Klassen, in späteren Klassen, und auch als Unternehmer, als Student, und behalten Sie Ihren persönlichen Traum für sich. Der Traum kann gar nicht groß genug sein. Alles ist möglich, es gibt keine Limitation. Natürlich können Sie die Schwerkraft zurzeit nicht überwinden und Sie können in der Zeit gegenwärtig auch nicht hin- und herreisen, das sind physikalische Rahmenbedingungen der Gegenwart. Aber wie Sie Ihr Leben gestalten, wo Sie hinstreben, ob privat oder beruflich, ist Ihr persönliches Ding. Behalten Sie es für sich, teilen Sie es maximal den engsten Familienmitgliedern mit, und glauben Sie daran. Sie werden sehen, mit diesem Traum als Ihrem geheimen Schatz werden Sie zu jeder Zeit ein Feuer im Dunkeln sehen, Licht im Dunkeln sehen, und daraus immer Energie gewinnen können.

Rahmenbedingungen, Durchhaltekraft und Selbstbewusstsein
Rahmenbedingungen können den eigenen persönlichen Traum schrumpfen lassen. Man fängt an, den ursprünglichen Traum zu reduzieren, weil man eine Niederlage erfahren hat, in einer Prüfung durchgefallen ist oder weil ein Geschäftsjahr nicht so gut lief. Meine Empfehlung ist, **aufgeben ist verboten**, denn es gibt keinen Grund, aufzugeben. Es gibt immer Höhen und Tiefen. Wechseln Sie von der Mikro- in die Makroperspektive, versuchen Sie, das große Ganze zu sehen.

Mit 50 Jahren kann ich zurückblicken und sagen: Ich habe mehr Menschen kennengelernt, die mir etwas nicht zutrauen oder die für bestimmte Projekte keine Erfolgsaussichten sehen, als Menschen, die positiv eingestellt waren. Erklärungen gibt es viele, praktisch gesehen spielt es keine Rolle, warum das so ist. Wichtig ist, es gibt die Gruppe der Optimisten und die der Pessimisten. Die einen gehen ungern Risiken ein, sehen alles sehr skeptisch, sind ängstlich veranlagt und sicherheitsorientiert, und, wenn jemand ein Risiko eingegangen ist, und gescheitert ist, spotten sie genüsslich über die Misserfolge dieser Person oder wollen gar noch belehrend hinzufügen, sie hätten es ja so kommen sehen. Unsere Gesellschaft ist auf Menschen angewiesen, die Risiken eingehen, die über sich selbst hinauswachsen, die sich Ziele setzen und die Träume haben. Schauen Sie sich in der Welt um, alles, was Sie sehen, ist entstanden durch die Gedanken und Taten der Träumer um uns herum. Die Menschen, die Ihnen negativ denkend zur

Seite stehen (die Sie möglichst schnell loswerden sollten, wenn möglich), übernehmen auch keine Haftung dafür, dass sie Ihnen gegenüber negative Energie versprühen. Und sie übernehmen auch keine Haftung dafür, wenn Sie letztlich doch Ihre Ziele und Träume umsetzen und erreichen. Es ist einfach eine Meinung, die da irgendwo in der Luft rumschwebt, und deshalb sollten Sie sich immer weniger angewöhnen, Fragen zu stellen, ob Ihnen jemand etwas zutraut. Sie können Sachfragen, Strategiefragen stellen, sich über Erfahrungen austauschen. Aber Sie brauchen keinen Bewilligungsbescheid von einer dritten Person „du hast das Potenzial, das könnte was werden". Gewöhnen Sie sich das am besten direkt ab. Vertrauen Sie in sich und haben immer ein gesundes Selbstbewusstsein.

Selbstbewusstsein ist ein spezielles Thema. Manche Kinder haben es von vornherein, manche haben ein sehr starkes Selbstbewusstsein trotz sehr widriger sozialer Rahmenbedingungen, andere haben ein schwach ausgeprägtes Selbstbewusstsein, obwohl sie ideale Rahmenbedingungen haben. Es ist schwer zu sagen, wie man zu einem soliden, starken Selbstbewusstsein kommt. Meine persönliche Erfahrung ist, man muss an sich glauben und diesen Glauben auch bestärken durch kontinuierliche harte Arbeit, Lernen und Engagement. Das Leben ist ein Langzeitrennen, die Träume zu erreichen, gelingt manchen schon in frühen Jahren, anderen insgesamt erst sehr spät. Das spielt alles keine Rolle, denn es ist Ihre ganz persönliche Abenteuerreise.

2.5 Langzeitrennen

Auf dem Weg zu Ihrem beruflichen Erfolg befinden Sie sich in einem Langzeitrennen. Ein Langzeitrennen ist für jeden etwas anderes. Für den einen ist es eine Strecke über wenige

Jahre, so, wie man das aus Start-ups kennt, zwei, drei, fünf Jahre, für andere sind es zehn bis fünfzehn Jahre, Aufbau eines Unternehmens, Etablierung eines Kundenstammes und dann Weiterverkauf, und für wiederum andere dauert das Langzeitrennen mehrere Jahrzehnte. Der Begriff Langzeitrennen kann auch unterschiedliche Perspektiven haben. So können manche sagen, es beginnt bereits in der sechsten, siebten, achten Klasse oder in der Oberstufe, es beginnt bei der Bewerbung um eine Ausbildungsstelle oder bei einem berufsbegleitenden Studium, und andere wiederum sagen, für mich beginnt das Rennen mit der Existenzgründung, mit der Gründung meiner Praxis, meines Unternehmens oder dem Anstellungsvertrag in meinem ersten, zweiten oder dritten Unternehmen als Arbeitnehmer. Über alle Varianten hinweg bedeutet das trotzdem, dass man über viele Jahre und Jahrzehnte an seinem großen Ziel, an seiner Vision, an seinem Fixstern festhält. Ein schönes Beispiel, das auch sehr gut genommen wird und auch hier gut reinpasst, ist Elon Musk. Man hätte meinen können, dass er nach seinem ersten Unternehmensverkauf oder seinem zweiten Unternehmensverkauf seine Ziele erreicht haben könnte, aber, wie Sie sehen, macht er weiter, er hat Spaß, und was sein persönlicher Fixstern ist, das werden wir mit den Jahren sehen, wenn sich materialisiert und sichtbar wird, welche weiteren Unternehmen, Technologien und neuen Prozesse, Abläufe, Sichtweisen und Aktivitäten sich eröffnen.

Folgende Aspekte helfen Ihnen bei Ihrem persönlichen Langzeitrennen:

Den langen Atem haben

Es versteht sich von selbst, dass auf einer so langen Strecke von zehn, fünfzehn oder fünfundzwanzig bis dreißig Jahren viele Probleme auftauchen. Das ist ganz natürlich und liegt in der Natur der Sache. Man ist nicht losgelöst von der Welt, man hat Familie, Freunde, seine persönlichen gesundheitlichen Anliegen und man wird täglich, wöchentlich, monatlich, jährlich mit verschiedenartigen Ereignissen konfrontiert. Die Frage ist, wie man mit diesen Ereignissen umgeht. Der eine geht damit negativ um, lässt sich runterziehen und weicht vielleicht von seinem Fixstern ab oder von seinem Zwischenziel, und der andere versucht es so zu betrachten, dass er dankbar für die Erfahrung ist, aus dieser Erfahrung seine Lehren zieht und mit der neuen Erkenntnis weiter nach vorne peitscht. Sie müssen sich also, gerade bei einer so langen Strecke, angewöhnen, immer mehr positiv zu bewerten als negativ.

Flexibel bleiben
Leichter gesagt als getan, aber flexibel zu bleiben bedeutet, sich fast schon chamäleonartig geschmeidig, wendig, aktiv und schnell auf neue Situationen einzustellen und sich immer wieder bewusst zu machen, dass dies Bestandteil der langen Strecke zum Fixstern ist.

Zwischenziele feiern
Es ist wichtig, auch Zwischenziele zu feiern. Mit feiern meine ich nicht, dass man sich besinnungslos betrinkt oder Dinge macht, die man sonst nicht machen würde, sondern, dass man sich während des Zustrebens auf das Zwischenziel bereits mit sich selbst vereinbart, wenn ich dieses Zwischenziel erreicht habe, dann besuche ich das Kino, gehe mit Freunden Pizza essen, gönne mir einen Tag Wellnessurlaub oder mache mal zwei Tage gar nichts. Wie Sie das auch gestalten, Sie kennen sich besser als jeder andere, versuchen Sie, Zwischenziele mit Belohnungen auszustatten. Das hat den sympathischen Vorteil, dass Sie sich selbst etwas Gutes tun, dass Sie achtsam und positiv mit sich selbst umgehen, und nach einer Zeit der Anstrengung sich auch etwas Gutes

tun. Das ist wichtig für die Moral und das ist auch ein gutes Leistungsbelohnungsprinzip, um sich mit diesem Ziel immer wieder positive Energie herbeizuführen.

Vollgas geben
Genauso wie bei einer langen Autobahnstrecke sollten Sie, um Ihr Ziel zu erreichen, Gas geben. Das bedeutet, Sie können natürlich Pausen einlegen, sich verschnaufen, sich umschauen, aber vom Prinzip gilt immer, Gas geben. Und das Schöne ist, während es auf der Autobahn in der Regel ein Tempolimit gibt, gibt es im wahren Leben natürlich physikalische und biologische Limitationen, möglicherweise kognitive Limitationen, aber, über viele Jahre auf dem Gaspedal zu bleiben und kontinuierlich von Jahr zu Jahr immer ein Brikett draufzulegen, fleißig zu sein, seine Zeit zu schützen, und immer am nächsten Ziel zu arbeiten, zahlt sich auf einer langen Strecke aus. Denn Sie erreichen dann Ihr Ziel.

Wettbewerbsvorteil ausbauen
Langzeiterfolg bedeutet, Vorteile sichern: Da Sie im Wettbewerb zu anderen Personen und Organisationen stehen, ist das Delta, die Differenz zwischen der Zeit und Leistung, die Sie für Ihre Ziele und für das Erreichen des Fixsterns zur Verfügung haben, in den ersten Jahren gering. Wie Sie aber der Abbildung (Abb. 2.2) entnehmen können, werden die Abstände mit den Jahren immer größer und erreichen schließlich den Punkt der Uneinholbarkeit. Sie können sich einen Wettbewerbsvorteil, den Sie sich über zehn, fünfzehn Jahre aufgebaut haben, sichern, d. h., der Wettbewerb kann Ihnen diesen Vorsprung nur schwer nehmen. Jemand, der sich auf den Weg machen möchte, Sie einzuholen, muss bereit sein, die Zeit, die Leistung und gegebenenfalls die Kosten, die in diesem Wettbewerbsvorteil enthalten sind, auf sich zu nehmen, um Sie zu erreichen. Und dann ist

die Frage, sind die Wettbewerbsbedingungen gegenwärtig so, dass quasi zehn bis fünfzehn Jahre später diese Person zu gleichen Kosten und Ressourceneinsatz zu dem Erfolg kommen kann wie Sie. Denn möglicherweise haben sich am Markt oder für diese Person die Rahmenbedingungen so geändert, dass Sie uneinholbar sind. Das Delta ist gewaltig.

Anstrengungen unternehmen
Eines der Kernelemente ist, Sie müssen sich verdammt anstrengen. Um ein übergeordnetes Ziel im Wettbewerbsumfeld zu erreichen, ist eine dauerhafte Anstrengung erforderlich. Genauso wie ein Sportler einer Spitzenmannschaft zum Ende der Saison im Viertelfinale, Halbfinale, Finale seiner Sportart das Letzte gibt und erschöpft zu Boden sinkt, erschöpft und zufrieden, alles gegeben zu haben, genauso müssen Sie Jahr für Jahr Ihre Zeit schützen, Ihren Plan gemacht haben, und dann – und das ist das Anstrengende – es umsetzen. Auf dem Papier planen, ist das eine, es umzusetzen, das andere. Und Anstrengungen sind nun mal anstrengend, es gibt dort keine Schönfärberei.

Anhand von Abb. 2.2 sehen Sie, dass viele Zwischenziele zum Hauptziel, Ihrem Fixstern führen. Der Weg dorthin ist ein Langzeitrennen und erfordert eine Vollgasmentalität, bei der Sie nicht im Leerlauf verweilen sollten:

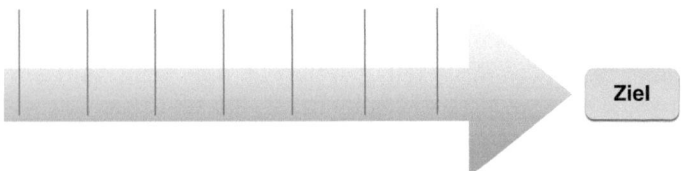

Abb. 2.2 „Langzeitrennen bedeutet Vollgasmentalität" nach Plugmann (eigene Darstellung). Diese Abbildung beschreibt bei einem Langstrecken-Autorennen den Fuß nicht vom Gas zu nehmen. Sie sollten die Zwischenziele nie als Grund nehmen, im Leerlauf zu verweilen, geben Sie Vollgas

Literatur

Fuchs, R., & Gerber, M. (Hrsg.). (2018). *Handbuch Stressregulation und Sport*. Cham/Schweiz: Springer.

Groß, M. (2013). Jeder Tag bietet eine Chance – Selbstmotivation und Selbstführung im Berufsalltag. In *Selbstcoaching* (S. 123–127). Cham/Schweiz: Springer.

Hennerfeind, P., Hennerfeind, B., & Swoboda, R. (2020). Selbstmotivation, Selbstkritik und Reflexion. In *Soziale Aspekte der Führung* (S. 31–38). Cham/Schweiz: Springer.

Hoffmann, J., & Engelkamp, J. (2016). *Lern-und Gedächtnispsychologie*. Springer.

Kade, J., & Seitter, W. (2013). *Lebenslanges Lernen. Mögliche Bildungswelten: Erwachsenenbildung, Biographie und Alltag* (Bd. 10). Cham/Schweiz: Springer.

von Kunhardt, G. (2014). Welchen Einfluss hat die Leistungsgesellschaft auf die Entstehung von Stress? In *Ein Leben lang leben* (S. 117–132). Wiesbaden: Springer Spektrum.

Landes, M., Steiner, E., Utz, T., & Wittmann, R. (2021). Selbstmotivation. In *Erfolgreich und gesund im Homeoffice arbeiten* (S. 9–14). Wiesbaden: Springer Gabler.

Michalk, C. (2019). *Gesundheit optimieren – Leistungsfähigkeit steigern: Fit mit Biochemie*. Cham/Schweiz: Springer.

Prenzel, M. (1993). Autonomie und Motivation im Lernen Erwachsener. *Zeitschrift für Pädagogik, 39*(2), 239–253.

Reif, J., Spieß, E., & Stadler, P. (2018). *Effektiver Umgang mit Stress* (Bd. 8). Cham/Schweiz: Springer.

3

Zeit

Das größte Kapital, dass Sie haben, ist Ihre persönliche Zeit. Wenn Sie sich manchmal fragen, wieso andere Personen in einer relativ überschaubaren Zeit viele Dinge schaffen, und es von außen so ausschaut, als ob diese einen Zwilling haben, weil sie so viele Projekte gleichzeitig abarbeiten, und das auch erfolgreich tun, dann liegt das einfach daran, dass diese Personen über die Jahre sich antrainiert haben, ihre Zeit zu schützen, sich so zu organisieren, dass sie ihre Zeit strategisch gut nutzen können, und im Rahmen dieser Zeit die Dinge tun und umsetzen, die sie sich vorgenommen haben.

Es gibt also eine mehrstufige Vorgehensweise:

1. Zeitschutz,
2. Zeitplanung und
3. Zeitumsetzung.

Sie werden sich vorstellen können, dass innerhalb meines privaten und beruflichen Umfeldes der lustigste Satz, den ich hören kann, der ist: „Ich habe keine Zeit." Wenn ich im Zusammenhang mit einer privaten oder beruflichen Verabredung oder einem Projekt höre, „Ich habe keine Zeit", dann ist es das Gleiche wie aus der Kategorie „Ich habe kein Geld, ich habe kein Interesse." Das heißt, es ist eigentlich nur ein vorgeschobener Grund. Aber darauf gehe ich später noch mal explizit ein. Es ist Ihre Zeit!

3.1 Zeitschutz – das goldene Wochenende

Kommen wir nun zum ersten Punkt: Zeitschutz. Was ist unter Zeitschutz zu verstehen? Der Begriff könnte etwas irreführend sein, da man glaubt, dass Zeitschutz etwas damit zu tun hat, dass man sich oder seine Zeit gegenüber Dritten schützt, aber es ist primär erst mal wichtig, dass Sie Ihre Zeit vor sich selbst schützen.

Sie können, wenn Sie ein Ziel definiert haben, dass Sie erreichen möchten, und bereit sind, dafür alles Menschenmögliche und natürlich Legitime einzusetzen, was notwendig ist, als Grundbasis Ihre Zeitressource prüfen. Womit verbringen Sie Ihre Zeit und wofür verbrauchen Sie Ihre Zeit? Wenn Sie sich ein Ziel gesetzt haben, dass Sie unbedingt erreichen möchten, dann sollten Sie sich darüber klar werden, dass die Woche nicht fünf Tage hat, sondern sieben. Ich habe früher, als ich Assistenzzahnarzt war, direkt nach dem Staatsexamen an der Universität Köln, die Wochenenden immer als bezahlten Kurzurlaub empfunden. Ich hatte Freitagnachmittag frei, so gegen 16 Uhr, und hatte ab dann bis Montagmorgen bezahlten Kurzurlaub. Das ist ein wichtiger Baustein, um sich darüber klar zu werden, dass man für das Erreichen des Ziels eben alle sieben Tage nutzen sollte, und sich von der Vorstellung und Einstellung verabschieden, dass die Woche fünf Tage hat, und dass man zwei Tage da die Füße hochlegen kann. Dem ist überhaupt nicht so. Sie müssen sich auch klar machen, dass es 52 Wochenenden gibt, und das bedeutet, dass, wenn wir jetzt sagen, 50 Wochenenden mal zwei Tage, so reden wir über ein theoretisches Zeitpotenzial für Sie persönlich von 100 Tagen. 100 Tage machen oder nicht machen, 100 Tage lernen oder nicht lernen, 100 Tage sich körperlich betätigen oder nicht betätigen, und das ist erst mal das Zeitpotenzial, dass Sie von vornherein mitberücksichtigen können.

Zeit effizient nutzen
Wenn eines Ihrer Ziele mit Bildung oder dem Erwerb von Wissen zu tun hat, z. B. in einer Ausbildung sind oder ein berufsbegleitendes Studium machen möchten, dann sind insbesondere der Samstag- und der Sonntagmorgen besonders schützenswert. Warum? Wenn Sie ausschlafen und/oder aufwachen, dann sind Sie meistens in den Vormittagsstunden einfach geistig fitter. Das heißt, diese Stunden im ersten Drittel des Tages von 08:00 bis 14:00 Uhr sind die Zeiten, wo Sie einfach frisch sind im Kopf, wo Sie noch die Energie haben vom Schlaf, von der Nacht, und Sie sollten Ihren Tag so einteilen, dass Sie in diesen fünf bis sechs Stunden lernen, lesen oder etwas rekapitulieren, statt den Tag so zu verbringen, dass Sie aufstehen, einkaufen gehen, sich mit Freunden treffen, und dann, am Samstag gegen 17:00 oder 18:00 Uhr versuchen, noch mal mit aller Kraft eine Lernübung zu machen. Das heißt, es spricht überhaupt nichts dagegen, hohe Ziele zu haben und trotzdem Zeit zu haben für das Einkaufen, Zeit zu haben für die Familie, für Freunde, für Freizeittätigkeiten, aber über den Tag verteilt sollten Sie schauen, dass Sie die ersten 6 Stunden des Tages für das Lernen nutzen. Und wenn Sie dann merken, okay, jetzt ist die Luft raus, jetzt brauche ich mal eine Pause, genau in dieser Zeit, wo Sie sowieso eine Pause benötigen, gehen Sie einkaufen oder erledigen andere Dinge, tanken, Auto

waschen, Joggen gehen, Familie besuchen, und dann können Sie nach einer zwei- bis dreistündigen Pause sich wieder an den Schreibtisch setzen, weiterlesen, weiterlernen und dann für die Zeit nach dieser zweiten Session von 1–2 Stunden dann die weiteren Dinge wie Interaktion mit Freunden, Zeit für die Partner, Familie, was auch immer, fortsetzen. Sie haben mit diesem Vorgang etwa 7,5 Stunden pro Tag und somit 15 Stunden pro Wochenende, 60 Stunden pro Monat gewonnen, entspricht 700 Stunden pro Jahr, trotz Freizeit- und Sportaktivitäten, ein enormer Wettbewerbsvorteil.

Das ist z. B. eine **Tageseinteilung**, die ich für mich persönlich seit Jahren mache, natürlich gab es begründete Ausnahmen. Sie müssen für sich individuell am allerbesten wissen, in welchen Phasen des Tages Sie besonders gut lesen/lernen können, wann Sie Ihre Ruhe haben, es kann sein, dass familiär bedingt oder berufsbedingt oder einfach individuell es bei Ihnen ganz anders ist, dass Sie lieber morgens aufstehen und alles für den Haushalt erledigen, mit der Familie unterwegs sind, und dann, wenn die Kinder einen Mittagsschlaf machen, dann 1–2 Stunden möglicherweise Zeit haben. Wie auch immer Ihr individuelles **Tageszeitdesign** ausschaut, Sie können sich auf jeden Fall darum kümmern und Entscheidungen treffen. Den Tag einfach ungeplant zu verbringen, so, wie es sich ergibt, bedeutet, Führung abzugeben. Wenn Sie beruflich Ihre Ziele erreichen möchten, können Sie selbst die Führung übernehmen. Das bedeutet, Sie sollten die Tagespläne selbst bestimmen und nicht dem Zufall überlassen.

Akzeptanz im Freundeskreis und bei der Familie
Wichtig ist, wenn Sie einmal eine grobe Zeiteinteilung für den Samstag und Sonntag getroffen haben, wobei individuelle Abweichungen immer möglich sind und es immer sein kann, dass man kurzfristig irgendwo eingeladen oder krank ist, oder einfach keine Lust hat, wichtig ist, im Familien-

und Freundeskreis um Akzeptanz zu werben. Es gibt nichts Schlimmeres, als wenn man sich auf den Weg macht, seine Ziele zu erreichen und auf dem Weg erfährt, dass die Familie oder Freunde diese Vorgehensweise, aus welchen Gründen auch immer, nicht akzeptieren. Häufig ist, aus meiner Sicht, ein Grund dafür fehlende Kommunikation im Vorfeld. Erläutern Sie Ihrer Familie, Ihrer Partnerin, Ihrem Partner, Ihren Freunden, welches berufliche Ziel Sie in den nächsten Jahren verfolgen, was Sie vorhaben und wie Sie Ihre Zeit einteilen und nutzen möchten und werben Sie um Unterstützung und Akzeptanz. Sagen Sie, Sie wissen jetzt schon, dass es einige Wochenenden gibt, wo Sie absagen sollten, wo Sie nicht dabei sein werden, wenn es irgendwas zu feiern gibt, wobei Sie die Planung immer so machen, dass Sie sehr wohl an Grillfeiern, an Geburtstagsfeiern und an anderen Feierlichkeiten teilnehmen können. Aber werben Sie darum, dass Sie auf die Unterstützung Ihres Familien- und Freundeskreises angewiesen sind und jetzt schon mal präventiv und vorab um Unterstützung bitten und um Verständnis, wenn Sie mal nicht zusagen sollten oder wenn Sie mal einen Termin, aus welchen Gründen auch immer, nicht einhalten. Es ist viel einfacher, die Leute mit ins Boot zu holen und um Verständnis und Unterstützung zu werben. Die Menschen haben das Gefühl, Teil dieses Projektes zu sein und sind dem Ganzen von vornherein positiv gegenüber eingestellt. Das unterstützt Sie später in Klausur- oder Prüfungsphasen oder wenn Sie etwas präsentieren müssen und selbst unter Zeitdruck sind. Und Sie sollten auch darauf hinweisen, wenn Sie mal am Telefon kurz angebunden sein sollten oder nicht direkt auf E-Mail antworten, dass es möglicherweise daran liegt, dass Sie gerade in einer Prüfungs- oder Stressphase sind. Diese präventive, vorherige Kommunikation im Familien- und Freundeskreis kann ein wichtiger Baustein sein, um später in der Umsetzungsphase Unterstützung aus diesem Kreis zu erhalten und erfolgreich zu sein.

Prioritäten

Eine weitere Möglichkeit, sein theoretisches Zeitpotenzial zu erweitern, ist, morgens eine Stunde früher als sonst aufzustehen. Das ist natürlich für eine Person, die schon um 06:00 Uhr aufsteht herausfordernd, dann um 05:00 Uhr aufzustehen. Aber, wenn Sie in Erwägung ziehen, eine Stunde früher als sonst aufzustehen, müssen Sie sich natürlich auch klarmachen, dass Sie am Vorabend eine Stunde früher schlafen gehen sollten, wenn Sie ein bestimmtes **Schlafzeitkontingent** benötigen. Also, wenn Sie z. B. um 23:00 Uhr üblicherweise schlafen gehen und dann um 06:00 Uhr aufstehen, dann werden Sie, wenn Sie am nächsten Morgen eine Stunde früher aufstehen, und das gleiche Zeitkontingent beanspruchen möchten und benötigen, eine Stunde früher schlafen gehen müssen. Jetzt können Sie sagen „aber um 22.00 Uhr beginnt ein schöner Film, oder da beginnt ein Fußballspiel, oder ich bin noch in den sozialen Medien unterwegs" – Sie sollten priorisieren, was Sie wollen. Wollen Sie Fernsehen schauen oder wollen Sie beruflichen Erfolg?

> **Tip**
> Um beruflichen Erfolg zu erlangen, müssen Sie unnachgiebig diszipliniert sein.

Da gibt es auch keine Diskussion. Viele Menschen wollen beruflich erfolgreich sein, möchten aber die Konsequenzen, den Verzicht und den harten langjährigen Arbeitseinsatz nicht durchleben. Sie können sicher sein, auch wenn Sie allein am Schreibtisch sitzen oder im Auto sind, Sie stehen im direkten harten Wettbewerb mit anderen Firmen, anderen Menschen, um gute Arbeitsplätze in dem Unternehmen oder als Selbstständiger im direkten Wettbewerb mit anderen Firmen um Kunden und Kundenaufträge. Alle strengen sich an, alle möchten Erfolg, und in diesem harten Wettbewerb müssen Sie zu Ihrem Wohl und dem Wohl Ihrer Organisation dauerhaft diszipliniert bleiben. Natürlich gibt es immer mal Rückschläge, man hat mal eine Woche, in der es eben irgendwie doch nicht so gut läuft, man ist müde oder krank. Aber grundsätzlich dürfen Sie Ihren Fixstern nicht aus den Augen verlieren und das heißt, dranbleiben und sich disziplinieren. Es gibt keine Entschuldigung, nach einem Tag, an dem man einen Hänger hatte, am Folgetag zu sagen, na ja, dann hatte ich eben am letzten Tag einen Hänger, und das klappt alles nicht. Sie sollten sich selbst motivieren, zusammenreißen und Gas geben.

Das Setzen von Prioritäten kann eine sehr wirksame Organisationsmaßnahme sein. Seiwert (2012) hebt die Effizienzsteigerung heraus, die entsteht, wenn man die Zahl seiner Aktivitäten begrenzt und sich stärker fokussiert. Rusch (2019) beschreibt, wie Stressmanagement und Prioritätensetzung interagieren, indem durch fehlende Zielsetzung, mangelnde Prioritätensetzung und Unentschlossenheit intensiver Stress entsteht.

Böttger et al. (2019) beschreiben im Zusammenhang mit Zeitmanagement, das unter Berücksichtigung verschiedener Verhaltensdimensionen des Zeitmanagements Prioritätensetzung unumgänglich ist, auch um den Stresspegel in Balance zu halten und die Energie auf das Erreichen von Zielen zu lenken.

Covey et al. (2014) beschreiben in ihrem Buch „Der Weg zum Wesentlichen: der Klassiker des Zeitmanagements" die Vorteile von Fokussierung und Prioritätensetzung, um sich auf das Wesentliche zu konzentrieren und dabei Nebengeräusche auszublenden.

Quernheim (2018) zeigt auf, wie Planung, sei es Tages- oder Wochenplanung, eine systematische Prioritätensetzung unterstützt und zum Erreichen von Zielen beiträgt. Dabei hebt er hervor, dass das Individuum Verantwortung für seine Lebensplanung übernehmen sollte.

Däfler (2018) beschäftigt sich mit der Anwendung von Zeitmanagement-Methoden und macht fehlende Prioritätensetzung für dauerhaften Stress verantwortlich. Dabei bringt er die Thematik der digitalen Transformation in den Blickpunkt, bei dem zahlreiche ungelesene E-Mails, digitale gelbe Zettel und neuartige Projektplanungsapplikationen neue Dynamiken in die Arbeitswelt bringen und das Individuum in einen Zustand des permanenten Stresses führen können.

Sie sehen an der exemplarisch dargestellten wissenschaftlichen Literatur, dass unabhängig davon, ob Sie angestellt oder selbstständig sind, eine konsequente, angemessene und gut durchdachte Zeitorganisation und Prioritätensetzung zum Erreichen Ihrer Ziele führen können.

Anhand der aufgeführten Maßnahmen von (Abb. 3.1) können Sie täglich trainieren Ihre Zeit besser zu schützen:

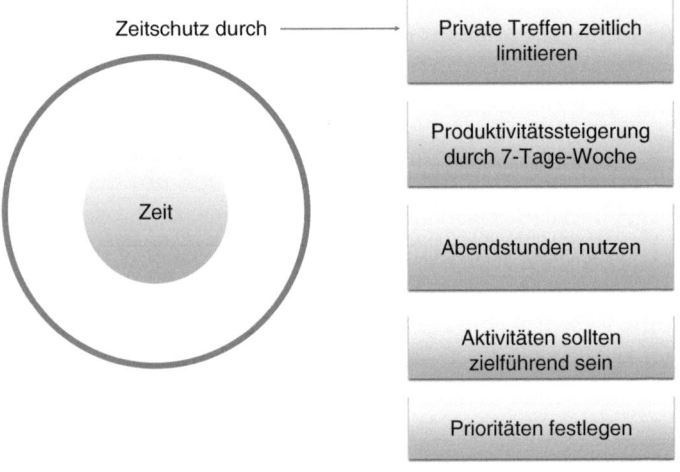

Abb. 3.1 „Zeitschutz" nach Plugmann (eigene Darstellung). Diese Abbildung beschreibt, welche Maßnahmen sinnvoll sein können, um Ihre Zeit zu schützen

3.2 Zeitsäge aktivieren

Zeit ist Ihr größtes Kapital, und das sind gute Nachrichten, denn über dieses „Asset" können Sie frei verfügen. Das Motto „steter Tropfen höhlt den Stein" kann man im Rahmen dieses Langzeitrennens umformulieren, dass mit dem Faktor Zeit Sie eine hohe Wirkungseffizienz entfalten können, wenn Sie über eine lange Zeit immer wieder unaufhörlich am Erreichen Ihrer gesetzten Ziele arbeiten. Dafür sollten Sie die „Zeitsäge aktivieren".

Jetzt wird es hart und es hängt nur an Ihnen, die folgenden Entscheidungen zu treffen. Sie müssen beginnen, Zeitfresser zu streichen. Bevor Sie das durchführen können, benötigen Sie eine persönliche Prioritätenliste: **HANDLUNGSEMPFEHLUNG.**

1. Welche Aktivitäten führen mich direkt zu dem von mir gesetzten Ziel?
   Diese Aktivitäten bekommen Prioritätsstufe 1.
2. Welche Aktivitäten unterstützen direkt oder indirekt Prioritätsstufe 1?
   Diese Aktivitäten sind Prioritätsstufe 2.
3. Welche Aktivitäten fördern meine Gesundheit und finanzielle Stabilität?
   Diese Aktivitäten sind Prioritätsstufe 3.

Alles (im angemessenen Stil), was nicht auf dieser Liste steht, muss gestrichen werden.

> **Beispiel**
>
> Wenn ich mir ein Ziel gesetzt habe, z. B. eine Weiterbildung mit einer guten Note abschließen, ein Umsatzziel, Verkaufskennzahlen oder ein sportliches Ziel, schaue ich, was mit diesem Ziel direkt zusammenhängt.

Fußballspiele schauen, ins Kino gehen oder mich mit Freunden Samstagabend auf eine Pizza treffen, sind schöne Freizeitbeschäftigungen, haben aber mit dem Ziel nichts zu tun. Einkaufen gehen ist notwendig, hat aber auch nichts mit der Prioritätsstufe 1 zu tun. Ausschlafen, abhängen („chillen") oder im Garten arbeiten, sind entspannend, haben aber auch nichts direkt mit dem Ziel zu tun. Damit Sie mich richtig verstehen, Sie werden diesen Dingen auch allen nachgehen können, wenn Sie wollen, jedoch erst NACH Erstellung der Prioritätenliste und des daraus ableitbaren Zeitplanes.

Auf Ihre Liste Prioritätsstufe 1 können Sie schreiben:

I. Zeit zum Lesen,
II. Zeit zum Nachdenken,
III. Zeit zum Verstehen,
IV. Zeit zum Auswendiglernen,
V. Zeit sich mit Gleichgesinnten auszutauschen.

Auf Ihre Liste Prioritätsstufe 2 können Sie schreiben:

I. Zeit, den Schreibtisch aufzuräumen.
II. Zeit, sich über den eigenen Computer zu informieren.
III. Zeit, sich über arbeitserleichternde Software zu informieren.
IV. Zeit, sich über Einkaufsservices zu informieren.
V. Zeit, für „konzeptionelles Denken".

Auf Ihre Liste Prioritätsstufe 3 können Sie schreiben:

I. Zeit zum Gespräch mit einem Finanzberater.
II. Zeit zum Joggen.
III. Zeit zu prüfen. ob ich für die nächste Zeit vom Auto auf die Bahn umsteige, um Finanzmittel zu schonen.
IV. Zeit, einen Kochkurs zu besuchen (Thema gesunde Ernährung).

Bei der Formulierung dieser Prioritätenliste (Ebene 1–3) könnte man den Eindruck bekommen, dass sehr viel mehr Zeit benötigt werden würde, als einem zur Verfügung steht. Dieses Gefühl des Zeitdruckes ist ein gutes Zeichen, es zeigt Ihnen, dass Sie den richtigen Weg beschreiten und sich jetzt darum kümmern müssen, Zeitpotenziale zu heben.

Sie sind auf einem sehr guten Weg – weiter so!

3.3 Innovation durch das individuelle Zeitflussdiagramm

Eines meiner persönlichen Erfolgsrezepte ist ein persönliches Zeitflussdiagramm. Sie haben sicher gesehen, dass wenn Fußball- oder Basketballtrainer ihre Mannschaft strategisch auf das Spiel einstimmen, dass sie dann an einem Whiteboard zeichnen und malen und machen und tun usw., dass man sich Videos anguckt vom Gegner, dass man sich Videos von der gegnerischen Leistungsfähigkeit und Strategie, aber auch von eigenen Spielvarianten anschaut und sich alles verbildlicht. Das Ziel eines Zeitflussdiagramms ist ähnlich. Sie sind fokussiert auf das Ziel und möchten sich eine Übersicht schaffen vom Startpunkt bis zum Tag, an dem Sie das Ziel erreichen. Es ist wichtig, sich das Ziel aufzuschreiben und festzuhalten, was das genaue Ziel ist, damit Sie auch den Zeitpunkt kennen, an dem Sie das Ziel erreicht haben.

> **Anwendungsbeispiel**
>
> Ich möchte Ihnen dieses Prinzip an der Art und Weise zeigen, wie ich an Weiterbildungsprogramme, an denen ich als Student teilgenommen habe oder teilnehme, herangehe. Wir leben in einer Leistungsgesellschaft, in der Bildung und Qualifikation Grundvoraussetzungen für langfristigen beruflichen Erfolg sind, in der eigenen Firma oder im Angestelltenverhältnis, und deshalb ist es nur logisch, dass Sie einmal oder mehrfach in Ihrer Laufbahn an mehrjährigen firmeninternen Programmen teilnehmen oder an Weiterbildungsangeboten externer Dienstleister. Diese dauern nach meiner Erfahrung zweieinhalb bis drei Jahre und ich gehe da wie folgt ran: Ich habe mir dann für die bevorstehenden drei Jahre immer im Internet eine Kalenderübersicht ausgesucht, die ich für die nächsten drei Jahre downloaden kann, dann geben Sie bei Google einfach ein „Kalender" und gehen auf „Bilder" und da finden Sie schöne Kalender, die Sie sich downloaden können und dann in eine Power-

Point-Präsentation integrieren können oder eben auch ausdrucken können. Und dann haben Sie z. B. die Jahre 2022, 2023 und 2024. Dann legen Sie auf Ihrem Schreibtisch diese drei ausgedruckten DIN-A4-Blätter im Querformat nebeneinander und Sie wissen z. B., ich mache jetzt ein Bachelorprogramm berufsbegleitend oder ein Master- oder Doktoratsprogramm, so wie ich das mache, ich bin aktuell in einem berufsbegleitenden Doktoratsprogramm, bei dem ich meine dritte Doktorarbeit absolviere, und da habe ich das genauso gemacht. Da habe ich mir mehr Zeit gelassen, man darf dort mehrere Jahre studieren, d. h. ich habe mir intern vier Jahre vorgenommen, aber jetzt bleiben wir mal bei den drei Jahren. Sie legen jetzt diese drei Jahre nebeneinander, kleben die vielleicht mit Tesafilm oben und unten fest, damit die auch nicht verrutschen, dann nehmen Sie sich ein paar Kulis und verschiedenfarbige Textmarker und schreiben dort alles rein, was in diesen kommenden 3 Jahren ansteht. Das geht los bei den Präsenzzeiten, bei den Online-Webinaren oder Onlineveranstaltungen. Sie malen sich dort alles rein, was dort anfällt. Ihre Geburtstage, die Geburtstage Ihrer Partner, Kinder, Arbeitskollegen, Messen, Veranstaltungen, Urlaub, sodass Sie nach diesem Abarbeiten dieser drei Jahre am Ende eine bunt gekritzelte Totalübersicht haben, was in diesen drei Jahren alles an zeitlichen Verpflichtungen ansteht. Und, als mich mein Vater irgendwann mal – ich habe jetzt auch inzwischen drei berufsbegleitende Masterprogramme erfolgreich absolviert – fragte: „Weißt du schon, was du in diesem Sommer machst?", da habe ich ihm gesagt: „Ich kann dir sagen, was ich in drei Jahren im Sommer mache." Dann sagte er: „Meinst du das ernst?" Ich sagte: „Ja, hier, schau mal." Ich habe ihm das einfach gezeigt. Ich hatte hier an der Seite von meinem Kleiderschrank diese drei Jahre mit Tesa übereinander befestigt und habe ihm auch gezeigt, dass ich das immer aktualisiere, wenn es etwas zu aktualisieren gibt, aber natürlich die alten Zeitpläne in einem Ordner archiviere. Und so, immer, wenn ich nach Hause komme nach einem anstrengenden Arbeitstag, mit einem Blick sofort die Übersicht habe, wo ich gelandet bin. Und wenn eben ein Modul absolviert worden ist, dann streiche ich das durch, mache da einen Haken dran, sodass ich über dieses individuelle Zeitflussdiagramm immer genau weiß, was bevorsteht. Das heißt, solange ich eine totale Übersicht habe in Bezug auf dieses Ziel, das ich gerade verfolge, sei es ein kurz-, mittel- oder langfristiges Ziel, solange ich die Übersicht habe, kann ich auch die Übersicht nicht verlieren. Dies ist eine Form individuellen Multiprojektmanagements. Und wenn ich die Übersicht nicht verliere, habe ich auch keine Sorgen, dass ich irgendwas übersehen habe. Ich sehe auch, wo eine Zeitphase kommt, wo ich komprimiert sehr viele Sachen machen muss, z. B. müssen Sie in einem berufsbegleitenden Studium Klausuren innerhalb eines bestimmten Zeitintervalls absolvieren, Sie müssen eine Hausarbeit vorbereiten, vielleicht haben Sie in der Firma ein bestimmtes Projekt mit einer Abgabefrist, und Sie müssen das alles in diese mehrjährige Übersicht reinpacken. Sie werden am Ende sehen, das sieht etwas chaotisch aus, sehr viel Gekritzel, sehr viel bunt markiert, und alles eng beieinander. Wenn Ihnen das zu chaotisch ist, dann müssen Sie versuchen, eben Halbjahre auszudrucken. Dann haben Sie eben auf drei Jahre gesehen sechs halbe Jahre, die Sie dann untereinander kleben, da können Sie halt auch mehr schreiben, dann haben Sie eine noch bessere Übersicht. Sie müssen sich auch Puffer reinschreiben für Urlaub, für den Fall, dass Sie krank werden, für den Fall, dass Sie nicht alles auf den Punkt schaffen. Die Kunst ist eigentlich, sich ausreichend Zeitpuffer für alle Eventualitäten reinzuschreiben. Also, es ist natürlich mit zunehmender Erfahrung möglich, wirklich auf Presspassung zu planen, das erinnert mich an meine Hochzeit. Wir haben dann geheiratet, abends war die Hochzeitsfeier und am nächsten Morgen sind wir um halb fünf aufgestanden, weil ich eine Veranstaltung hatte, die ich am nächsten Morgen um neun Uhr auf jeden Fall besuchen musste und abends saßen wir dann im Flieger in die Flitterwochen. Presspassung, das ist bei uns in der Familie immer ein Running Gag, dass wir das immer so machen, solange noch eine Sekunde Zeit zwischen Aktivität eins und zwei ist, funktioniert es. Aber so extrem muss man das nicht machen, sondern Sie müssen versuchen, und das ist eigentlich die Kunst dabei, weil Sie sich selbst am besten kennen, sich Regenerations- und Notfallpuffer zeitlich einzubauen. Und dann wird es eigentlich noch klarer auf so einem mehrjährigen Plan, dass Sie eigentlich schon in der Minuszeit sind. Ich meine mit dem Ausdruck „Minuszeit", dass eigentlich die Zeit bereits jetzt in der Planungsphase schon knapper ist, als man das gerne hätte. Und man sieht dann schon, das wird alles eng und das wird alles knapp. Wichtig ist auch, dass Sie bei dem Zeitflussdiagramm die Finanzen im Blick behalten.

Es kann sein, dass Sie sehen, dass, nachdem Sie dieses individuelle Zeitflussdiagramm erstellt haben, dass Sie dann auf einmal ein Gefühl dafür bekommen, dass z. B. Hotelkosten, Fahrtkosten, Unterrichtskosten, Urlaubskosten, dann vielleicht eine Autoanschaffung oder irgendwie eine andere Verpflichtung anstehen; das kann in alle möglichen Richtungen gehen. Und dann müssen Sie anhand dieses Zeitflussdiagramms auch möglicherweise entscheiden, dass Sie mal ein Jahr den Urlaub streichen und statt in Urlaub zu fahren diese zehn oder vierzehn Tage nutzen, um zu lernen und bestimmte Lern- oder Arbeitsprojekte nach vorne zu bringen, und gleichzeitig sich die Kosten, die Sie durch einen Urlaub haben, die immer mehrere tausend Euro betragen können, auch sparen und dadurch auch im finanziellen Gleichgewicht bleiben. Durch so ein Zeitflussdiagramm erhalten Sie eine sehr gute Übersicht, Sie können anhand dieses Zeitflussdiagramms bestimmen, wo Sie viel Zeit einsetzen und wo wenig, entsprechend Ihrer Prioritäten. Abgeleitet aus dieser schönen Übersicht können Sie dann auch Richtung finanzielle Aktivitäten (Transaktionskosten) entscheiden, wo Sie bestimmte Ausgaben oder Nichtausgaben hinlenken. Neben dieser langfristigen Übersicht über mehrere Monate oder Jahre ist es auch notwendig, sich ein Blatt zu nehmen und die Tage Montag, Dienstag, Mittwoch, Donnerstag, Freitag, Samstag und Sonntag nebeneinander aufzumalen, die Spalten zu ziehen, und daneben zählen Sie dann auch in der Spalte ganz links die Uhrzeiten auf von 00:00 Uhr morgens bis 24:00 Uhr abends. Und dann machen Sie sich eine Tabelle, wo Sie links von oben nach unten eben die Uhrzeiten haben, und oben als Überschriften eben die sieben Tage. Sie können sich jetzt einen grundsätzlichen Plan aufmalen, wie Sie im Idealfall die Woche fürs Arbeiten und Lernen nutzen möchten. Sie tragen sich dann die Arbeitszeiten ein, wenn Sie in einem Angestelltenverhältnis sind, sind Sie von Montagmorgen bis Freitagnachmittag geblockt, aber dann haben Sie eben die Zeit vorm Aufstehen, die Sie auf früher verlegen können, wenn Sie sonst immer um viertel nach sechs oder halb sieben aufstehen, hätten Sie das Potenzial, auch mal um fünf oder viertel vor fünf aufzustehen, und abends, wenn Sie nach Hause kommen um Sieben essen, sich erholen, dann haben Sie noch von 21:30 Uhr bis 00:30 Uhr morgens beispielsweise Zeit, und das goldene Wochenende, dass zu Ihrer absoluten Verfügung steht, und ich habe, als ich Assistenz-

> zahnarzt war, immer das goldene Wochenende als bezahlten Kurzurlaub gesehen, um dort insgesamt bis zu 25 Stunden rauszupressen für Lerneinheiten. Und das können Sie auch. Sie können sich eine Wochenübersicht verschaffen und schauen, wie Sie die zusätzlichen Zeitpotenziale heben möchten. Und das sollten Sie auch dokumentieren und dann eben auch dokumentieren, wann Sie eben mehr Leistung erbracht haben, sodass Sie, wenn Sie einige Monate später zurückschauen und gar kein richtiges Gefühl haben, habe ich da eigentlich Gas gegeben oder nicht, durch die persönliche Dokumentation sehr schnell wieder die Übersicht gewinnen.

Entscheidungen treffen

Jetzt haben Sie diese mehrjährige oder mehrmonatige Übersicht geschaffen, Ihr persönliches Zeitflussdiagramm steht und Sie befinden sich in der Phase, in der Sie sich quasi selbst neu erfinden, ein gewisser Innovationsprozess im persönlichen Bereich, und dazu gehört jetzt auch eben, radikale Entscheidungen zu treffen. Immer, wenn man mehr leistet, kommt das Thema Zeitnot ans Licht, und um sich selbst nicht völlig kaputtzumachen, müssen Sie bestimmte Dinge streichen oder umstellen. Das ist eine ganz persönliche Sache und nur Sie selbst können das entscheiden. Aber ohne Opfer wird es nicht gehen, das bedeutet, Sie werden bestimmte Aktivitäten reduzieren müssen, um eben Zeit für Ihre auf das Zielerreichen bezogene Aktivitäten freischaufeln zu können. Sie werden bestimmte Urlaubsaktivitäten möglicherweise reduzieren müssen, und auch Ausgaben stehen dann zur Disposition. Das Schöne ist, dass jetzt alles an Ihren eigenen Entscheidungen hängt. Nicht andere, Dritte, die Nachbarn oder Mitschüler oder Mitstudenten oder Wettbewerber sind Ihr größtes Problem, sondern Ihre Entscheidungen und die Konsequenzen daraus. Sie haben Zeit, sich Gedanken zu machen, aber letztlich sind Sie erst durch die Erstellung des individuellen Zeitflussdiagramms und der Wochenzeitübersicht in die Lage versetzt, Entscheidungen sinnvoll treffen zu können. Man kann Entscheidungen mit zunehmender Zahl an Erfahrungen auch immer wieder adjustieren, verändern, revidieren, aber das Fundament dieser Entscheidungen ist immer die totale Übersicht durch ein dynamisches, flexibles Zeitflussdiagramm, bei dem im Mittelpunkt das Erreichen des von Ihnen selbst gesetzten Zieles steht. Dem sollte sich alles unterordnen. Die Zeit und die persönliche Finanzstruktur. Und dann kommt die Umsetzungsphase.

Umsetzungsphase
Die Umsetzungsphase folgt der Planungsphase und entscheidet darüber, ob Sie jetzt viel erreichen werden oder nicht. Da Sie jetzt die totale Übersicht über Ihre zeitlichen Arbeitspakete haben – Sie haben eine Übersicht über mögliche Reservezeitpotenziale und private und berufliche Verpflichtungen – müssen Sie jeden Morgen, wenn Sie aufstehen, genau wissen, was Sie an diesem Tag zu tun haben und was zu erreichen ist. Wenn Sie also an einem Dienstag aufstehen, zur normalen Uhrzeit arbeiten gehen und um Sieben wieder zu Hause sind und Sie wissen, an dem Tag müssen Sie noch zweieinhalb Stunden konzentriert etwas lesen, lernen, herausarbeiten oder durchschauen, dann sind Sie natürlich abends frei in der Entscheidung, ob Sie kommen, sich einen Kaffee machen, und sich dann von halb acht bis zehn dransetzen, oder ob Sie erst mal zwei Stunden Pause machen und sich dann von viertel nach neun bis kurz vor zwölf dransetzen. Sie können sich auch um elf ran setzen, bis halb zwei was machen, Sie können auch diese Zeitverpflichtung splitten, dass Sie sagen, okay, an dem Tag mache ich noch anderthalb Stunden, das schaffe ich, und am nächsten Tag hatte ich mir eigentlich nichts vorgenommen, aber diese Stunde von heute übertrage ich einfach auf morgen.

Oder stehe morgen früher auf oder wie auch immer, Sie sind da ganz frei, aber Sie wissen, durch das individuelle Zeitflussdiagramm in der Umsetzungsphase immer ganz genau, was Sie an dem Tag zu leisten haben und wie Ihre Performance sein muss.

Wenn ich dann in solchen Gesprächen höre, wo ich dann Unternehmerfreunden oder anderen Personen, die es interessiert hat, das so erzähle, dass sie sich ein großes Ziel setzen, dass sie dann, z. B. wenn es so ein Bildungsziel ist, dass sie ein Programm drei Jahre besuchen, oder sich weiterqualifizieren oder sich belesen, dass sie ein mehrjähriges Zeitflussdiagramm erstellen, sich dann auch eine Wochenzeitnutzungsübersicht erstellen, und dann in die Umsetzungsphase gehen, und dann täglich dann adjustieren und anpassen und gucken und immer auf ihre Performance schauen, und wenn sie mal drei, vier Tage nichts machen, dass sie dann eben wieder diesen Plan anpassen, um die verloren gegangene Zeit wieder reinzuholen, dann höre ich Sachen wie „Nein Danke, das ist voll stressig." oder „Ja, mag sein, dass das bei dir funktioniert, aber das ist nix für mich." oder „Ne, was soll der Stress?"

Da kann ich dann nur eines sagen:

> **Tip**
>
> Wenn Sie nicht bereit sind, in den nächsten Jahren sich Ziele zu setzen, diese erreichen wollen, und bereit sind, die dafür notwendigen Maßnahmen zu ergreifen, die immer mit Konflikten mit sich selbst und seiner Umwelt, die mit dem Streichen von Aktivitäten, die mit Disziplin und Anstrengung, persönlicher Belastung bis zur Erschöpfung gehen können, wenn Sie nicht bereit sind, diese verpflichtenden Dinge, die Sie sich selbst ins eigene Arbeitspflichtenheft geschrieben haben, zu erfüllen, dann werden Sie von Ihren Zielen immer fernbleiben, es wird immer nur beim Gelaber bleiben, und man wird an Ihren Leistungen und Resultaten eben sehen, dass Sie nicht imstande sind, die Sachen zu erreichen.

Es ist für Personen, die sehr günstige Rahmenbedingungen haben, die vielleicht auch begabt und talentiert sind, ein Leichtes, solche Zeitpläne und Disziplinanforderungen runterzuspielen. Da kann ich Ihnen auch sagen, da habe ich einen Studienfreund gehabt, der hat einmal ein Buch gelesen, da konnte er mir noch ein halbes Jahr später sagen, auf welcher Seite was stand. Ich musste mir das Wissen immer hart erarbeiten, ich musste es lesen, ich musste es markieren, ich musste es herausschreiben, ich musste zum Teil auswendig lernen, einen unheimlich hohen Aufwand betreiben, um bei den Guten mithalten zu können, und es hat am Ende überhaupt niemanden interessiert, wer welchen Aufwand gehabt hat. Er hat in den Sommerferien mit seinen Eltern vier Wochen Urlaub in Spanien gemacht und ich habe dann eine Woche Urlaub gemacht und die anderen drei Wochen genutzt, um von morgens bis abends zu lernen, um mithalten zu können. Niemanden interessiert, wie viel Aufwand Sie selbst betreiben müssen, um ein bestimmtes Ziel zu erreichen. **Deshalb ist es in der leistungs- und resultatgetriebenen Gesellschaft so, dass nur Resultate zählen.** Und, wenn Sie Ziele erreichen wollen, dann müssen Sie sich darauf einstellen, dass Sie sich bewegen müssen, Sie müssen Vollgas geben und Sie müssen sich positiv in diesen Wettbewerb mit der Umwelt und mit sich selbst setzen.

Das ist ja auch ein schöner, kreativer Prozess. Man bekennt sich zur Leistungsgesellschaft, man bekennt sich dazu, dass man etwas erreichen möchte, und das Leben ist ja bunt. Sie können auch sagen, die nächsten fünf Jahre gebe ich Vollgas und die fünf Jahre danach mache ich nicht so viel, und was ich danach mache, das weiß ich heute noch überhaupt nicht. Das heißt, das ist auch ein gewisser Luxus in dieser demokratischen Gesellschaft, den wir haben: Jeder kann sich sein Leben so gestalten, wie er will, solang er sich an die Gesetze hält und anderen nicht auf die Nerven geht, das ist doch wunderbar. Schauen Sie sich mal andere Länder an, was da manchmal los ist. Wir haben hier in Deutschland einen fantastischen Zugang zu den Bildungssystemen, wer möchte, kann an der Abendschule sein Abitur nachholen, wir haben verschiedene Hochschulmöglichkeiten und die Universitäten sind auch in vielen Studiengängen offen. Man kann auch längere Studienzeiten an den Universitäten in Kauf nehmen, wenn man noch jobben muss oder zwischendurch ein Start-Up hochzieht. Selbstverständlich ist das Leben unfair, das ist klar, und die einen haben es leicht, die anderen haben es brutal schwer, die einen wachsen auf und müssen sich um Angehörige oder Pflegefälle kümmern, die anderen haben keine Probleme usw. Aber gerade da, finde ich, wenn man selbst nicht extrem talentiert ist und die Rahmenbedingungen ungünstig sind, kann man gerade durch das Anwenden eines individuellen Zeitflussdiagramms eine sehr gute Übersicht für ein Ziel entwickeln und entsprechend die Power darauf setzen. Probieren Sie es aus. Ich würde mich freuen, wenn Sie mir Ihre Erfahrungen mit dem individuellen Zeitflussdiagramm mitteilen.

Sie können mich gerne anmailen und wenn mit dieser Strategie Menschen geholfen werden kann, würde ich mich über ein Feedback sehr freuen. Wie immer im Leben, tausend Wege führen nach Rom. Das ist nur eine Strategie, aber ich nutze diese Strategie jetzt schon seit meiner Schul- und Studienzeit; das sind jetzt auch schon knapp 30 Jahre und letztlich muss ich sagen, dass ich auch in der Oberstufe, also beginnend mit der elften Klasse, mir immer diese Tabellen, diese frei gemalten Tabellen, dieses Raster gemacht habe, wo ich eben die Zeit eingebaut habe, die Prüfungen und die Noten, und immer eine Übersicht hatte, was los ist, auch wenn es mal schlechte Ergebnisse waren.

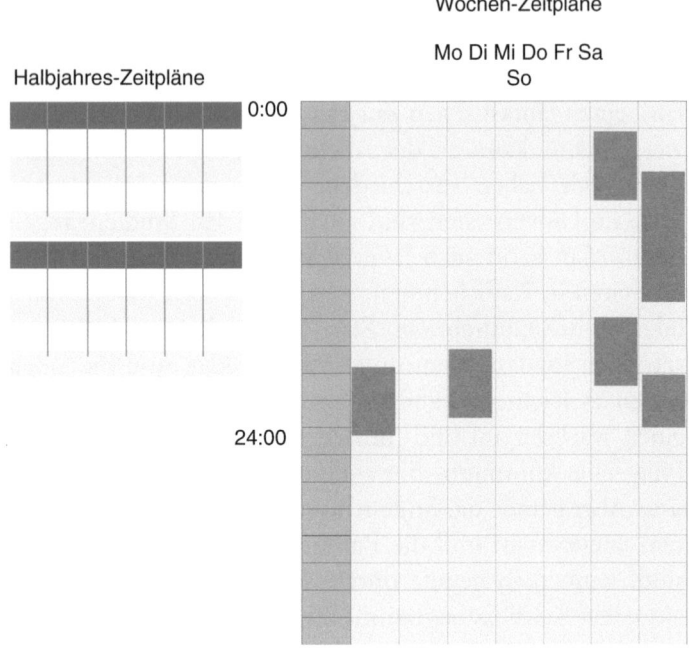

Abb. 3.2 „Zeitflussdiagramm" nach Plugmann (eigene Darstellung). Diese Abbildung beschreibt, wie Sie die Übersicht über Ihre gesamte Zeit erstellen können

Solange man die Übersicht hat, weiß man immer genau, wo man sich bewegt, und das gibt einem auch keinen Raum für Wunschdenken, sondern man weiß immer knallhart, wo man steht. Das ist eine gute Voraussetzung, um seine Zeit und Energie gut einzusetzen. Viel Erfolg!

Anhand von Abb. 3.2 verschaffen Sie sich eine möglichst vollständige Übersicht Ihrer Zeitressourcen:

3.4 Hyperaktivität

Mit Hyperaktivität meine ich keinen bestimmten wissenschaftlichen Begriff und möchte hier auch keine wissenschaftlichen Definitionen oder Begrifflichkeiten abarbeiten, sondern das ist einfach ein Ausdruck, den ich benutze, um zu beschreiben, wie ich innerhalb einer von mir selbst bestimmten vorgegebenen Zeiteinheit agiere und in, sagen wir, fünf Stunden Arbeit möglichst viel erreiche, auch gerne ohne Pausen durcharbeite. Es kann aber auch bezogen sein auf eine mehrwöchige Zeitperiode, in der ein bestimmtes Arbeitspaket abzuarbeiten ist, unabhängig davon, wie viel sonst noch an Arbeit in beruflichen oder privaten Angelegenheiten dazukommt.

Ich vergleiche das gerne mit Künstlern, Musikern, Dichtern, Kreativen, die einfach eine mehrtägige oder mehrwöchige Phase haben, wo die Ideen aus ihnen heraussprühen, wo die Lust am Arbeiten und am Schaffen, die Freude an Gestaltung und Materialisierung von Ideen so groß ist, dass man Zeit und Raum vergisst, und über diese Zeit mit verhältnismäßig wenig Schlaf und einem hohen energetischen Aufwand durchmarschiert und das Arbeitspaket bis zum Ziel führt. Das ist natürlich immer interessant, wenn man in einem bestimmten Umfeld selbst hyperaktiv ist, so wie ich das gerne als Wort benutze, und das Umfeld das als von der Norm abweichend empfindet.

Da kann ich Ihnen eine sehr schöne Anekdote aus meiner Schulzeit berichten. Nachdem ich in der zehnten Klasse sehr aktiv im Unterricht war und mich zusätzlich sozial engagierte, in der Vereinssportmannschaft spielte und auch im Sportverein aktiv war, mich parallel noch für Kunst interessierte und meine Lehrer nach Besuchsmöglichkeiten an der Universität oder in Museen fragte, ob da irgendwas organisiert wird, führte mein Klassenlehrer damals ein Gespräch mit meinen Eltern und empfahl mir quasi eine psychologische Beratung bzw. ich sollte mich mal ganz ungezwungen mit einem Psychologen unterhalten. Ja, und wie es dann eben so kam, kam ich eines Tages nach Hause und mein Vater sagte zu mir: „Du, wir wollen dich einfach mal mit einem Vertrauensmenschen zusammenbringen, mit dem du dich mal eine Stunde unterhalten kannst, wie es dir so geht und was du so machst und was dich beschäftigt."

Aus irgendwelchen Gründen wollten sie mir nicht sagen, dass das ein Besuch beim Psychologen ist. Jetzt habe ich natürlich einen sehr eigenen Humor und begab mich dann irgendwann nachmittags nach der Schule dahin. Ich weiß nicht, ich war 14 oder 15.

Das war ein netter Herr, er stellte sich vor, sagte, er coacht und berät familienpsychologisch. Und ich dachte mir, weil ich mich bis heute sehr gut daran erinnere, ja, na, mal schauen, was jetzt für eine Show abgeht. Und er sagte mir: „Ja, deine Eltern machen sich Gedanken, und hast du Fragen an mich?"

Ich habe einen sehr gewöhnungsbedürftigen Humor und fragte ihn: „Sie wollen mir jetzt bestimmt etwas erzählen über mein gestörtes Vater-Sohn-Verhältnis oder über Mobbing in der Schule, stimmt's?" Da war ich bei dem schon direkt unten durch. Er meinte zu mir, ich würde das Gespräch nicht ernst nehmen, und ich habe gesagt: „Ich sehe keine Notwendigkeit, mit irgendeinem wildfremden Menschen über persönliche Sachen zu sprechen." Und dann lehnte er sich zurück und sage: „Ah, verstehe. Daher weht der Wind." Also, wir waren nach 60 Sekunden schon auf Konfrontation und wie das Gespräch so lief, kamen wir irgendwann zu dem Punkt, dass mir vorwurfsvoll gesagt wurde, ich würde durch zu häufiges Aufzeigen im Unterricht Stress und Hektik in den Unterricht bringen, und ich würde mit meiner ständigen Fragerei den Lehrer unter Druck setzen. Die Lehrer wären gestresst und die Mitschüler wären gestresst und diese – damals fiel das Wort „Überaktivität" – müsste ja eine Ursache haben. Das heißt, so wie das halt oft ist, niemand kümmert sich quasi um Ihre individuelle Situation, ihre individuellen Ziele, und die Motivations- und Antriebslage, sondern Sie werden mit

Durchschnittswerten verglichen, eine standardisierte Betrachtung einer Menschengruppe, in dem Fall von Schulklassen, und wenn eben einer zu weit von dem abweicht, was als sogenannte Norm festgeschrieben ist, dann gibt es direkt eine Auffälligkeit. Ich will schon gar nicht davon reden, dass man dann auch noch versucht, diese positive Leistungsbereitschaft und Leistungsfähigkeit, die sich eben in Fragen, in zahlreichen Aktivitäten und einer positiven Leistungswahrnehmung spiegelt, dann auch noch mit Medikamenten irgendwie zu regulieren.

Das ist natürlich der absolute Horror und man muss einfach da aufpassen, dass man in einer Gesellschaft der zunehmenden Akzeptanz von Mittelmäßigkeit, Gleichheit und Nichtdifferenzierung nicht in Nachteile gerät, weil man eben das Recht auf Mehrleistung wahrnimmt. So viel als Anekdote und ich habe dieses Gespräch einfach nicht vergessen, weil ich natürlich auch als Familienvater, Onkel und Freund von vielen Freunden, die Kinder haben, immer sensibilisiere, wenn ich irgendwo höre, dass jemand, der viel macht, auch im jungen Alter von 14, 15, 16, 17, sprachlich in eine Ecke gedrängt wird, dass eben Mehraktivität oder, wie ich es bezeichne, Hyperaktivität in irgendeiner Form negativ zu bewerten ist.

Voraussetzung, um über eine mehrwöchige Periode hyperaktiv zu sein, ist, dass Sie sich selbst erst mal die Rahmenbedingungen schaffen. Das fängt mit kleinen Dingen an, wie dem sauberen Schreibtisch, ausreichend Schreibmaterial, Computer müssen verfügbar sein, die Aufgaben innerhalb dieser z. B. sechs Wochen dürfen nur auf die verpflichtenden beruflichen Arbeitszeiten beschränkt sein, außerhalb der Arbeitszeit, in der Firma oder in der Institution, in der Sie arbeiten, oder in Ihrer Firma, müssen Sie die Zeit extrem schützen. Das zweite ist, Sie müssen das Handy nach Möglichkeit abschalten und Sie müssen Ihrem

Freundes- und Bekanntenkreis und der Familie präventiv einfach die Info geben, dass Sie in den nächsten vier oder sechs Wochen Vollgas geben, damit eben das Umfeld darauf auch mental eingestellt ist. Das andere ist, Sie müssen im Sinne der Zeitressource sich die Zeit so einstellen, dass Sie morgens früh aufstehen und abends verhältnismäßig spät schlafen gehen.

Es gibt viele Strategien, Leute, die sagen, sie stehen um fünf auf oder um halb fünf oder um halb sechs, andere, die eben um ein Uhr morgens oder zwei Uhr morgens schlafen gehen. Das kann man nicht als allgemeingültiges Prinzip festlegen. Sie können eine Phase haben, in der Sie sagen, gut, ich stehe jetzt die nächsten drei Wochen jeden Morgen um Viertel vor fünf oder fünf auf und gehe am Abend um elf schlafen. Oder Sie sagen, ich stehe normal auf wie immer und gehe aber dafür nachts um Mitternacht schlafen. Sie müssen sich darauf einstellen, eine gewisse Grundmüdigkeit anzunehmen und auch auszuhalten. Da das zeitlich begrenzt ist auf vier bis sechs Wochen, das ist so meine persönliche Erfahrung, können Sie in der Zeit auch durchaus mit müdigkeits- und erschöpfungsnahen Phasen gut umgehen. Eine solche hyperaktive Zeitperiode ist sehr individuell. Ich vergleiche das gerne mit dem Reiten auf einer Welle. Ich bin zwar selbst kein Wellenreiter, aber ich stelle mir einfach vor, dass man diese Welle eben hat als Zeitperiode, und Sie selbst sind der Wellenreiter oder die Wellenreiterin, und Sie kennen sich selbst am besten. Sie müssen sich Ihr eigenes individuelles Paket schnüren, wie weit können Sie Müdigkeit aushalten über eine mehrwöchige Phase, wie weit können Sie verhältnismäßig deutlich früher aufstehen als sonst, und es ist auch eine Art Trainingssache. Wenn man erst mal einige Wochen dieses Programm fährt, dann wird man auch feststellen, dass man davon nicht umfällt, Sie sind schließlich nicht aus Zucker, Sie sind belastbar.

Andere Leute auf dem Planeten leben und wohnen unter ganz anderen, wesentlich erschwerteren Verhältnissen. Wir wohnen hier in einer sehr sicheren und sehr komfortablen Umgebung und Sie haben alles, was Sie brauchen, Essen, Trinken, ein Dach über dem Kopf, die Heizung funktioniert, Lebensmittel sind rund um die Uhr verfügbar, Sie können Online-Bestelldienste für Kleidung, Utensilien und Nahrung nutzen, Mobilität ist in allen Variationen gesichert und die Kommunikationsmöglichkeiten sind auch uneingeschränkt. Insofern haben Sie für eine solche vier- bis sechswöchige Powerphase optimale Rahmenbedingungen. Dann nehmen Sie sich mehrere weiße Blätter, vielleicht für jede Woche ein Blatt, machen dort Spalten und Zeilen und schreiben rein, was bis wann Sie erreicht haben müssen. Also beispielsweise, wenn ich ein Buchprojekt habe – das ist jetzt aktuell mein achtes Buchprojekt – dann weiß ich, wann ich die Abgabe gegenüber dem Verlag habe, ich weiß, wie viele Seiten ich schreiben muss, ich brauche zum Schluss noch mal vier Wochen, um alles in Ruhe Korrektur zu lesen. Man lässt die Arbeit nachher dann meistens ein, zwei Wochen sacken, liest ein Manuskript noch mal, da muss man Rechtschreibung, Satzbau, Lesefluss noch mal wirken lassen, möglicherweise Textbausteine eben umstellen, weil der Lesefluss nicht gewährleistet ist.

Wenn man eben ein Buch über mehrere Monate schreibt, dann hat man auch eine gewisse Betriebsblindheit entwickelt, und wenn man dann , nachdem man das Manuskript ein, zwei Wochen hat liegen lassen, dieses noch mal neu liest, denkt man, huch, da habe ich wohl eine Pause gemacht, oder da habe ich was nicht gesehen. Das heißt, das alles schreibe ich mir auf. Ich weiß auch, wie viele Seiten abzuliefern sind, und kalkuliere auch ein, dass ich vielleicht eine Woche erkältet bin oder Kopfschmerzen habe oder keine Lust habe, und mache mir dann eben einen Zeitplan. Und diesen Zeitplan setze ich dann um auf diese weißen

Blätter, für jede Woche eben ein Blatt, und klebe diese dann z. B. an den Kleiderschrank. Das sind meistens so acht bis zehn weiße Blätter, die ich entweder quer oder im Hochformat beschriftet habe, und dann klebe ich mir das mit Tesa an den Schrank oder auf die Rückseite meiner Tür. Dann gilt es, den Startschuss zu hören, und dann dieses abzuarbeiten. Dieser schriftliche Plan, der wird natürlich auch, wie man sagt, „on the flight", auch flexibel dynamisch angepasst, also z. B. schaffe ich an einem Tag überraschenderweise wesentlich mehr, bin aber dann vielleicht zwei Tage erschöpfter, oder ich muss auf einmal drei, vier Tage aus privaten Gründen eine Pause machen, dann verteile ich die verlorene Zeit auf die restlichen Tage. Und so passe ich diesen Plan immer an. Wichtig ist, dass Sie diese Blätter archivieren, in einem Schnellhefter oder in einer Klarsichthülle, und dass Sie diese abgearbeiteten Arbeitspakete später, in späteren Jahren, immer wieder Revue passieren lassen können und sich selbst auch zeigen, wie Sie damals geplant haben, wie Sie das immer dynamisch angepasst haben, und dass Sie eben das von Ihnen gesetzte Ziel auch erreicht haben. Und je mehr von diesen Klarsichthüllen oder Ordnern mit erfolgreich abgeschlossenen Arbeitspaketen und erreichten Zielen Sie vor sich haben in Ihrem Regal, desto stärker wächst auch Ihr Selbstvertrauen. Die Ziele können dann immer wieder erweitert und neu definiert werden, Sie sammeln auch Erfahrungen und lernen sich selbst innerhalb dieser Leistungsperiode besser kennen.

Hyperaktivität bedeutet für mich auch, dass Sie innerhalb von Zeiteinheiten auch eine hohe Arbeitsintensität haben. Wir kennen das alle, wir setzen uns an den Schreibtisch, ich sage immer, der schwerste Leistungssport der Welt ist, einen Tag nonstop am Schreibtisch sitzen mit kleinen Essens- und Toilettenpausen. Versuchen Sie es mal, sich morgens um sieben an den Tisch zu setzen und bis 23:00 Uhr durchzuziehen mit kleinen Pausen, vielleicht auch mal joggen gehen, sich mal kurz hinlegen, aber ansonsten 90 % der Zeit am Schreibtisch zu sein, sei es, um etwas zu schreiben, zu lernen oder am Computer zu arbeiten. Also das ist auch schon ein Leistungssport für sich. Sie müssen natürlich das Handy irgendwie aus Ihrem Arbeitsplatz einfach für ein paar Stunden verbannen. Die Verlockung, ständig bei Facebook, LinkedIn, Instagram reinzuschauen, ist enorm. Man bekommt über WhatsApp-Gruppen und andere Kommunikationsdienstleister ständig Nachrichten, man guckt ständig rein, man möchte ein Quick Responder sein, dass man schnell antwortet, aber es lenkt von der Arbeit ab. Das heißt, Sie müssen sich selbst eine Zeit definieren, dass Sie sagen, okay, ich ziehe vormittags von 08:00 bis 13:00 Uhr durch, dann mache ich von 13:00 bis 15:00 Uhr eine Pause, da esse ich, lege mich hin oder gehe mal joggen oder einkaufen, weil da bin ich sowieso platt, und dann, in der Zeit, checke ich auch meine Nachrichten. Dann arbeiten Sie noch mal von 15:00 bis 20:00 Uhr durch und dann können Sie sich, nachdem Sie insgesamt zehn Stunden hochintensiv an dem Tag gearbeitet haben, wunderbar abends vor die Tagesschau setzen, Fußball gucken, Freunde treffen, Freund anrufen, alles machen, wonach Ihnen ist. Sie können auf den Tag zurückschauen und wissen, dass Sie zehn Stunden abgearbeitet haben, und dies auch hochintensiv.

Wenn ich „hochintensiv" sage, meine ich damit nicht, dass Sie hektisch oder übertrieben schnell arbeiten, sondern eigentlich meine ich damit den Standardzustand, dass Sie in der Zeit, in der Sie lernen, arbeiten, einfach voll konzentriert bei der Sache sind. Und dieser eigentliche Normalstandard, der wird heute irgendwie als hyperaktiv oder hyperintensiv bezeichnet. Aus meiner Erfahrung heraus geht es einfach darum, hoch konzentriert bei dem Arbeits- oder Lernbereich geistig anwesend zu sein und sich nicht durch andere Dinge ablenken zu lassen. Und dazu gehört eben auch, dass Sie Ihrer Familie sagen, dass Sie an dem Tag gerne Müll rausbringen, das Auto waschen oder sich um andere Dinge kümmern, aber möglichst innerhalb der Zeit, wo Sie sich feste Pausen eingerichtet haben. Der Optimalfall ist natürlich, dass das möglich ist. Natürlich hat jeder seine individuelle Lebensgestaltung und Alltagsrealität und es ist nicht immer möglich. Und deshalb ist es manchmal besser, auch wenn das noch sehr früh ist, morgens um vier aufzustehen und, wenn das ein Wochenende ist oder wenn das ein Arbeitstag ist, wo es möglich ist, dann drei, vier Stunden Vollgas zu geben, und dann möglicherweise etwas später zur Arbeit zu fahren oder eben abends verhältnismäßig spät schlafen zu gehen. Also um 01:00 oder 02:00 Uhr, wenn Sie von 22:00 Uhr bis 02:00 Uhr morgens vier Stunden komplett durchziehen, dann geht das natürlich auch.

Ich höre oft, wenn ich mich mit Freunden oder Unternehmern über diese Dinge unterhalte, dass man in der Woche abends noch mal drei bis vier Stunden Vollgas gibt, dass dann gesagt wird, der Tag war so lang, und ich bin so erschöpft, und ich bin so müde, und da kommt doch gar nichts Produktives mehr raus. Da muss ich sagen, das kann man so nicht gelten lassen, das sind einfach alles Ausreden und Rechtfertigungen, um seinen Hintern eben nicht zu bewegen. Und Sie müssen wissen, was Sie wollen. Wenn Sie ein Ziel erreichen möchten, dass Sie sich gesetzt haben und wenn dieses Ziel für Sie wichtig ist, und für Ihre Familie, und für die Zukunft, dann müssen Sie sich eben einen Pot Kaffee machen, oder Sie müssen sich halt von halb zehn bis zehn eine halbe Stunde aufs Ohr legen, und dann können Sie noch mal drei bis vier Stunden voll konzentriert Gas geben. Dann wird auch oft gesagt, was sollen diese drei oder vier Stunden bringen? Na ja, die drei bis vier Stunden an sich, das ist das eine, wenn Sie dieses Verhalten z. B. eben so gestalten, dass Sie montags, mittwochs und freitags das so machen, und dass dann in der Woche zehn Stunden abends dazukommen, dann sind das im Monat eben 40 Stunden, und dann sind das im Quartal 120 Stunden.

Es macht schon einen Unterschied, nehmen wir jetzt mal einfach die Zahl 100 Stunden, Montag bis Freitag, wenn Sie einfach 100 Stunden mehr haben als Wettbewerber oder im Vergleich zu Ihrer eigenen Arbeitspower, als wenn Sie diese 100 Stunden nicht hätten.

Ich will auch schon gar nicht das Thema ansprechen, dass Sie es noch gar nicht ausprobiert haben. Sie geben sich quasi schon selbst geschlagen, bevor Sie damit angefangen haben. Und deshalb kann man das zu Recht als Ausrede bezeichnen. **Probieren Sie es mal aus.** Fangen Sie mal mit einem Abend in der Woche an, z. B. dem Montagabend, dann ist man vielleicht vom Wochenende noch ein bisschen frischer, und geben noch mal von halb zehn bis halb eins drei Stunden Gas und konzentrieren sich 100 % auf das, was Sie vor sich haben, was Sie lernen oder erarbeiten. Das versuchen Sie mal zwei, drei Wochen und wenn das funktioniert, nehmen Sie den Mittwoch noch dazu. Wenn Sie den Montag und Mittwoch genutzt haben, um noch mal drei bis vier Stunden zu gewinnen, dann probieren Sie es freitags auch mal aus und wenn der Freitag nicht passt, ist es auch nicht schlimm, Sie können es auch kombinieren, Sie können ja auch sagen, Dienstag, Mittwoch, Donnerstag oder Dienstag und Donnerstag.

Wichtig ist, dass Sie sich das individuell einrichten und sich selbst unter Belastung, unter Müdigkeit und in Erschöpfungsnähe kennenlernen, und auch ein gutes Körpergefühl und mentales Gefühl entwickeln, was für Sie gut ist und was nicht. Es geht nicht darum, rote Linien zu überschreiten und wenn Sie am nächsten Morgen total müde sind und

Ihre Arbeit nicht verlässlich machen können, dann trotzdem immer wieder dieses Prinzip zu machen. Es geht darum, gemessen an Ihrem persönlichen Belastungspotenzial auszuprobieren, ob Sie von 75 % Belastung auf 90–95 % Belastung für eine bestimmte Zeitperiode von beispielsweise sechs Wochen übergehen können. Und niemand kann das besser festlegen als Sie selbst. **Wichtig ist, dass alles im Gesunden bleibt und dass Sie es nicht extrem übertreiben.** Denn es kann auch eine Linie überschritten werden, wo es einfach zu viel ist. Aber, genau wie im Sport, gibt es auch im Beruf immer Luft nach oben und Sie müssen einfach herausfinden, was Ihr ganz persönlicher Arbeits- und Lernstil ist, um das von Ihnen gesetzte Ziel zu erreichen.

Jeder hat seine Tricks, ich habe auch meine Tricks. Ich habe erfahrungsgemäß nach einer vier- bis sechswöchigen Powerphase, wo ich wirklich hyperaktiv bin, wo ich immer früher aufstehe als ich müsste und später schlafen gehe, als ich eigentlich sollte, wo ich an einem Arbeitspaket arbeite und das gesetzte Ziel auch erreiche, mir natürlich zur Tradition gemacht, nach so einer sechswöchigen Phase mich zu belohnen. Das kann z. B. sein, dass ich einen Freitag die Praxis zumache, an dem Tag ausschlafe, dann mittags ins Kino gehe, wenn die meisten Leute eben arbeiten, dann ist es für mich ein absoluter Luxus, in so einem verhältnismäßig leeren Kino zu sitzen, mein Popcorn zu essen und eine Cola light zu trinken. Dann gehe ich vielleicht noch etwas leckeres Essen, gehe in die Stadt und kaufe mir irgendwie ein Hemd und lege mich nachmittags zu Hause noch mal aufs Ohr. Klar, natürlich alles in Absprache mit der Family. Und ich denke, wenn man sechs Wochen Vollgas gegeben hat und sein Arbeitspaket abgeliefert hat, in welcher Form auch immer, sei es ein Arbeits- oder ein Lernziel, dann kann man sich auch einen Tag was gönnen. Und dieses Belohnungsprinzip muss nichts Luxuriöses sein, sondern man entscheidet sich ganz bewusst für einen Tag Auszeit. Dieses

Prinzip sollten Sie sich auch beibehalten. Schauen Sie, was Ihnen gut tut, und wenn Sie nach einer solchen Powerphase das Ziel erreicht haben, gönnen Sie sich einfach eine Belohnung. Das haben Sie sich verdient.

Ergänzend möchte ich Ihnen exemplarisch aus der wissenschaftlichen Literatur Aspekte darstellen, die zum Themenbereich „Hyperaktivität" spannend sind. Goodman et al. (2000) zeigen auf, welche Herausforderungen Eltern mit hyperaktiven Kindern haben können, sei es nächtliches Erwachen, Ungezogenheit oder Dominanzstreben und analysieren den Begriff aus der Sicht der Kinderpsychiater (allgemeine motorische Unruhe, Unaufmerksamkeit). Interessant finde ich, dass sowohl mangelnde Impulskontrolle/erhöhte Impulsivität, als auch ein „Kontinuum von Aufmerksamkeit und Aktivität der allgemeinen Bevölkerung" thematisiert werden. Vielleicht geht es Ihnen jetzt wie mir und es ereilt Sie ein seltsames Gefühl. Nicht nur Kinder, sondern auch Jugendliche, junge Erwachsene und Erwachsene werden bei dem Thema Hyperaktivität mit der „allgemeinen Bevölkerung" verglichen. Das erinnert mich an den Kinofilm „Georg Orwell 1984". Sind wir alle eine Masse? Ist keine Individualität, auch hinsichtlich der persönlichen Aktivität, erwünscht? Verkraftet eine Schulklasse bei den ohnehin überforderten Schulstrukturen keine auffälligen Schüler mehr? Überlassen wir bei der Bestimmung von Normalität, Mittelmäßigkeit, Andersartigkeit und Freiheit, den im Grundgesetz verankerten Rechten, am Ende des Tages den Menschen das Feld, die der Meinung sind, dass nur ein bestimmter Verhaltens- und Aktivitätsintensitätskorridor toleriert werden kann? Ist die Annahme richtig, dass Impulsivität, nächtliche Unruhe oder Dominanzstreben negativ behaftet sind? Die Engländer würden sagen „It depends" und das ist der Knackpunkt. Meine persönlichen Erfahrungen mit Psychologen und Kinderpsychiatern in meiner Jugendzeit waren in der

Erinnerung geprägt von Schuldzuweisungen, Verhaltensvorgaben und fehlender Bereitschaft, auf die Individualität einzugehen. Das sind offene Fragen, die in einer ausführlichen Diskussion erörtert werden können. Wie immer liegt die Wahrheit wahrscheinlich irgendwo in der Mitte.

Für mich selbst gesprochen kann ich sagen, dass ich nachts gerne gelernt und geschrieben habe, manchmal bin ich um 22 Uhr schlafen gegangen, dann um 3 aufgestanden, habe etwas gelesen oder geschrieben und mich um 5 Uhr wieder hingelegt. Freitagabend habe ich gerne bis früh morgens gemalt, gelesen, geschrieben oder ferngesehen und dann lange ausgeschlafen. Auch mal nachts gar nicht zu schlafen und dann am nächsten Tag früher schlafen zu gehen, war gelegentlich passiert. Nachts ist es so still, die Gedanken sind klar und ich konnte ganz konzentriert etwas machen, das war klasse. So hat jeder seine Art, Dinge zu organisieren, und die Freiheit habe ich mir genommen. Meine Eltern waren besorgt und ich erhielt dadurch eine einzigartige Chance durch die Gespräche mit Psychologen und Kinderpsychiatern, die Absurdität der Realität an der eigenen Haut zu erleben.

Zusammenfassung
Der Erfolgskern, um hyperaktiv tätig sein zu können, ist:

1. Notieren Sie das bevorstehenden Arbeits- und Lernpaket.
2. Schaffen Sie zeitlichen Möglichkeiten, um hoch konzentriert an dem zu arbeiten, was Sie sich vorgenommen haben.
3. Probieren Sie Ihre persönliche Belastungsgrenze aus, trainieren und erweitern diese, bleiben aber immer im gesunden Maß und OHNE die rote Linie zu überschreiten.
4. Belohnen Sie sich. Sie haben es sich verdient.
5. Nichts ist älter als der Erfolg von gestern. Nun ist es Zeit, nach der Belohnung sich das nächste Ziel zu setzen. Viel Erfolg.

3.5 Das Netzwerk gestalten

Sie kennen den Ausdruck „Kontakte, Kontakte und noch mehr Kontakte". In der Vertriebsbranche gilt sinngemäß, je mehr Kontakte, desto mehr Kontrakte. Wer meint, alles allein schaffen zu können, wird sich wundern. Wie ich bereits in vorangegangenen Kapiteln beschrieben habe, ist Erfolg immer auch eine Teamleistung. Sie sind auf die Zuarbeit oder auf die Kooperation mit anderen Individuen oder Organisationen angewiesen, denn ganz alleine ist man nie. Im Berufsleben, aber auch privat, gibt es, kompakt zusammengefasst, einige wichtige Kernaufgaben, die Sie erarbeiten sollten:

1. Sie sollten bei Ihren Anstrengungen, sei es eine Ausbildung oder Fortbildung, immer Ihren privaten und beruflichen Kreis in gewisser Weise mit einbeziehen. Das bedeutet, Sie sollten im privaten Umfeld vorkommunizieren, dass eine mehrjährige Periode jetzt ansteht, in der Sie eine Weiterbildung mit einem bestimmten Ziel abarbeiten.
2. Die Meinung anderer, das ist auch eine Aufgabe, die Sie sich antrainieren müssen, sollte letztlich irrelevant sein. Sie können natürlich immer die Meinung Dritter zur Kenntnis nehmen und einschätzen, inwiefern da ein sachlicher Kern dabei ist, aber, jeder hat das Recht auf seine Meinung und Sie haben aber genauso das Recht, diese an sich abprallen zu lassen.
3. Eliminieren Sie sogenannte „Toxic People" aus Ihrem privaten und beruflichen Umfeld. Die Definition von „Toxic People" ist sehr unterschiedlich. Sinngemäß geht es darum, Menschen, die ständig nörgeln, jammern und beschreien, wie schlimm alles ist, aus seinem Umfeld zu verbannen oder die Kommunikationsintensität zu diesen Menschen auf das geringstmögliche Maß zu reduzie-

ren, denn Sie selbst haben sich zur Leistungsphilosophie bekannt. Das bedeutet, dass Sie leistungsfähig und leistungsbereit sind, und die von Ihnen gesetzten Ziele auch nach und nach erreichen möchten. Das heißt, Sie brauchen ein Umfeld, das ebenfalls motiviert ist, das gerne offen kommuniziert, Erfahrungen austauscht, und nicht nur über Erfolge, sondern auch über Misserfolge spricht, und man sozusagen im gegenseitigen Miteinander von den Erfahrungen und Emotionen der anderen partizipiert und im produktiven Austausch miteinander über die Monate und Jahre sich zu neuen Höchstleistungen anspornt. Auch, wenn zwischendurch Niederlagen und Enttäuschungen eintreten. Das ist ein sogenanntes Team Spirit.

Wenn Sie natürlich Leute dabeihaben, die statt ihren Hintern zu bewegen von morgens bis abends nur jammern und nach dem letzten Strohhalm suchen, um nicht zu performen, und sich ständig schonen, aber lieber stundenlang über andere reden und sich den Mund zerreißen, dann müssen Sie diese Leute aus ihrem engeren privaten und beruflichen Kreis ausgrenzen. So schaffen Sie einen Kreis von Menschen, die Ihnen positiv gegenüberstehen, die Sie unterstützen, die Ihnen dabei helfen, Ihre Schwächen zu verbessern und Ihre Stärken auszubauen, die Sie in guten und schlechten Zeiten fördern, an Sie glauben und Sie unterstützen. Und mit diesem Umfeld haben Sie beste Voraussetzungen, erfolgreich durch die nächsten Jahre zu kommen und die von Ihnen selbst gesetzten Ziele auch erfolgreich zu erreichen.

4. Man hört öfter „Zeig mir dein Netzwerk und ich zeige dir, wer du bist" und jetzt kursieren im Internet viele verschiedene radikale Thesen, dass man, wenn man sich beruflich weiterentwickelt, sozusagen, wenn das Delta zu

seinem Freundeskreis groß wird, dass man sich von diesem alten Freundeskreis lösen soll, und dann sich einen neuen Freundeskreis suchen soll.

Ich persönlich halte davon überhaupt nichts, denn die berufliche Fortentwicklung führt automatisch nach sich, dass Sie neue Menschen kennenlernen und dass Ihnen in Ihrem Arbeitsumfeld eben auch durch Weiter- und Fortbildung und durch bestimmte Projekte und Aktivitäten und zunehmende Berufserfahrung, natürlich auch mit älteren und erfahreneren Kollegen in Kontakt kommen und sich so Ihr berufliches Netzwerk immer weiterentwickelt. Zusätzlich können Sie durch die heutigen sozialen Medien wie LinkedIn, Xing und andere digitale Kommunikationsmöglichkeiten zusätzliche Kontakte aufbauen Ich sehe eigentlich den sogenannten alten Freundeskreis als die Regenerationszone überhaupt, denn dort werden sie geliebt und geschätzt, so wie Sie sind. Man kennt Sie aus der Kinder- und Jugendzeit, man teilt die gleichen Träume und Erfahrungen, der eine wollte Astronaut werden, der andere Künstler, der dritte wollte um die Welt reisen, jeder hat einen anderen Lebensweg eingeschlagen, privat und beruflich, alle haben Höhen und Tiefen gehabt, alle haben hochjauchzende Erfolge gefeiert und tiefste Misserfolge durchschritten, und es gibt eigentlich nichts Schöneres, als mit diesem alten, jahrelangen, traditionsreich gewachsenen Freundeskreis zusammenzukommen.

Dort wissen die Leute auch, wer man ist und das hält einen bodenständig. Insofern halte ich überhaupt nichts davon, diese Radikalthesen, die man gern im Internet propagiert, dahingehend zu definieren. Und letztlich würde ich sagen, dass ich den Spruch eigentlich umwandeln würde in: „Zeig mir deinen letztjährigen Arbeits- und Lerneinsatz und die Arbeitspakete, die du da abgearbeitet hast, und ich sage dir, wo du nächstes Jahr bist.". Denn letztlich, im Kern sollte man sich immer an die eigene Nase fassen und die eigene, ganz persönliche Bereitschaft, zu einer Lern- und Arbeitsmaschine zu mutieren, so, wie ich das gerne sage, entscheidet darüber, ob man langfristig die von sich selbst gesetzten Ziele erreicht oder nicht. Und nicht, ob man drei Leute hier kennt und zwei Leute da. Und erst recht nicht, dass man sich von seinen langjährigen Freunden in irgendeiner Form distanziert.

Das Netzwerk zu gestalten, bedeutet auch einen hohen zeitlichen Einsatz und herausragendes Engagement. Sie müssen sich bemühen und anstrengen, bestimmte Messen, bestimmte Meetings, Treffen, Vereinsaktivitäten zu besuchen, Einladungen wahrzunehmen und Ihre Zeit effizient einzusetzen. Wenn Sie also eine Einladung bekommen, an einer bestimmten Aktivität teilzunehmen, die auch oft abends in der Woche stattfinden nach dem Arbeitstag, dann hängt es von Ihrer persönlichen Entscheidung ab, ob Sie die Gelegenheit wahrnehmen werden oder nicht. Wenn Sie sich selbst in einen mentalen Zustand hineinquatschen, in dem Sie sagen: „Oh Gott, der Tag war so lang, ich habe von 08:00 bis 15:00 Uhr gearbeitet, und dann bin ich erst um 16:30 Uhr zu Hause, und dann soll ich um 19:00 oder 20:00 Uhr noch irgendwohin.", dann können Sie sich von Ihren Erfolgsambitionen schon verabschieden. Ich will Ihnen einen Vergleich geben: Wenn ein Arzt im Krankenhaus einen 24-Stunden-Dienst hat, in dem er von morgens acht bis zum nächsten Morgen um acht durcharbeitet, mit sehr geringen Phasen von Erholung, ich rede schon gar nicht davon, wie die Arbeitsintensität innerhalb dieser 24 Stunden in Corona-Zeiten ist, wenn man da in der Notaufnahme oder in der Intensivmedizin arbeitet, da arbeiten alle Ärzte sehr engagiert und niemand würde auf die Idee kommen, im Vergleich, wenn Sie von 08.00 bis 16:00 Uhr arbeiten, nach acht Stunden zu jammern und zu sagen: „Oh je, ich habe jetzt acht Stunden gearbeitet, wie soll ich das nur überleben?" Sie müssen das eigentlich von der anderen Perspektive sehen.

Sie brauchen keinen 24-Stunden-Dienst schieben. Sie sind auch nicht gezwungen, zweimal die Woche einen 24-Stunden-Dienst zusätzlich zu schieben, sondern sie haben eine Neun-oder-zehn-Stunden-Zeiteinheit. Wir nennen das humoristisch in unserem beruflichen Umfeld „Micky-Maus-Arbeitszeiten". Das soll auch nicht beleidigend sein. Aber das ist nun mal so, wenn jemand nach achteinhalb Stunden Arbeit anfängt zu jammern, dann soll er mal ein Praktikum machen oder als Pfleger oder Arzt im Gesundheitswesen arbeiten, und das noch in erschwerten Corona-Zeiten. Nutzen Sie dieses Beispiel als Energiequelle, um sich klar zu machen, dass Sie müde sind, aber 2 Stunden abends noch was zu lernen, keine Knock-out bedeutet.

Es gibt immer Leute, die immer mehr arbeiten und immer mehr machen, aber man muss sich auch klarmachen, dass man innerlich nicht verweichlichen darf. Und wenn man dienstags nach einem Zehnstundentag dann halt abends noch mal zwei Stunden auf eine Veranstaltung geht, sich dann nicht selbst bemitleiden und jammern. Sie sollten sich zusammenreißen und mal in den Spiegel schauen und sich fragen, wo Sie hinwollen.

Wenn Sie nichts erreichen wollen, dann bleiben Sie zu Hause, liegen vor der Glotze und gucken sich irgendeine drittklassige Satire oder irgendeine Sportveranstaltung an, und wenn Sie eben Networking betreiben wollen, Menschen kennenlernen wollen, Neues hören möchten, auch außerhalb Ihres eigentlichen Berufsfeldes, dann nutzen Sie die Möglichkeiten, lassen Sie sich einladen, fragen Sie Freunde oder berufliche Kontakte, ob es da etwas gibt, und das Internet bietet Ihnen so viele Informationsmöglichkeiten.

Versuchen Sie, sich aktiv in das Networking einzuarbeiten, lernen Sie die Leute kennen, tauschen Sie Ihre Kontaktdaten aus und sehen Sie das einfach als langfristige Zeitinvestition an. Kontakte wachsen über viele Jahre und viele Kontakte werden sie auch gar nicht fragen müssen, ob Sie Ihnen Fragen beantworten oder Sie bei einem Projekt unterstützen. Man weiß auch vorher nie, welcher der 500 oder 5000 Kontakte in fünf oder zehn Jahren Sie unterstützen können, Ihnen Fragen beantworten oder Ihnen auf dem kurzen Dienstweg einfach eine Auskunft geben.

Sie sollten das auch einfach als persönlichkeitsbildende Maßnahme sehen, Ihren Horizont erweitern, und sich auch von dem Gedanken lösen, dass Sie praktisch nur Kontakte aufnehmen, um dann später etwas davon zu haben. Denn Sie sollten auch die andere Perspektive sehen, die anderen Menschen, die zu einem Event gehen, um auch neue Menschen kennenzulernen, neue Ansichten, Perspektiven und Erfahrungen zu hören, die sind eben auch auf Sie angewiesen, also auf Menschen, die dann eben auch zu so einem Event gehen. Das ist eine Win-win-Situation für alle Beteiligten. Das erfordert natürlich einen hohen Zeiteinsatz, Engagement und eben eine scharfe Zeitdisziplin, eine Priorisierung, wofür gebe ich meine Zeit aus. Sie müssen auch sich selbst etwas belasten, wenn das eben an dem Tag ein bisschen erschöpfend ist, dann müssen Sie einfach, wenn Sie von der Veranstaltung kommen, direkt unter die Dusche gehen und sofort ins Bett springen, statt bis 02:00 Uhr morgens noch irgendeine Serie zu schauen. Dann sind Sie am nächsten Tag auch einigermaßen fit. Es steht und fällt mit Ihren Entscheidungen und Ihrer persönlichen Disziplin.

Und Networking ist ein essenzieller Bestandteil für den langfristigen Erfolg, um Ziele auch effizient zu erreichen.

Franzen und Hangartner (2005) kommen bei ihrem Artikel über „Soziale Netzwerke und beruflicher Erfolg" über die Hypothese von Granovetter (1973, 1974, 1995) zum Schluss, dass die Vermittlung durch persönliche Netzwerke vorteilhaft für die Vermittlung auf dem Arbeitsmarkt ist. In der Zusammenfassung ihres wissenschaftlichen Artikels heißt es:

„Während diese These in der Soziologie lange Zeit als unbestritten galt, scheinen neuere empirische Studien sie überraschenderweise zu widerlegen. Allerdings beschränken sich die meisten Studien auf die Analyse der monetären Konsequenzen der Jobfindung durch Sozialkontakte. Wir konzentrieren uns zusätzlich auf die Analyse nicht-monetärer Arbeitsplatzmerkmale, wie z. B. der Ausbildungsadäquatheit. Datengrundlage sind die Angaben von 8000 Schweizer Universitätsabsolventen, die ein Jahr nach Studienabschluss zwischen Ende 2000 und Anfang 2001 ihre Erwerbskarriere begonnen haben. Die Ergebnisse zeigen, dass die Suche nach einem Arbeitsplatz über persönliche Beziehungen weit verbreitet ist. Einerseits zeigen auch unsere Analysen, dass Absolventen, die einen Arbeitsplatz über persönliche Netzwerke fanden, keinen Einkommensvorteil erzielen können. Andererseits legen die Ergebnisse nahe, dass die Platzierung durch soziale Netzwerke mit einer höheren Ausbildungsadäquatheit verbunden ist. Außerdem werden Arbeitsplätze, die über soziale Kontakte gefunden wurden, häufiger als Karriereinvestment bezeichnet, in denen die Absolventen ihre Fähigkeiten besser einsetzen können als an Arbeitsplätzen, die durch formale Suchstrategien erreicht wurden. Zusätzlich geht die Suche über Sozialkontakte mit geringeren Suchkosten einher. Insgesamt scheinen damit vor allem die nicht-pekuniären Aspekte von Arbeitsplätzen bei Vermittlung durch persönliche Netzwerke vorteilhafter zu sein."

Franzen und Hangartner (2005) beziehen sich auf Granovetter (1973, 1974, 1995), der auch in weiteren Studien (2005), belegte, dass soziale Strukturen, Netzwerke und gemeinsame Werte Einfluss haben können auf ökonomische Resultate. In jüngster Zeit beschäftigte sich Granovetter (2018) mit der Soziologie im ökonomischen Leben und führt in seinem Buch einleitend bis ins 18. Jahrhundert, um über die Geschichte der „Economic Sociology" zu berichten.

Diese Einblicke in die wissenschaftliche Bewertung von Netzwerkaktivitäten, sei es für Individuen, Interessengemeinschaften, Unternehmen oder Unternehmensgruppen, sollte Ihnen zeigen, dass es eine bewusste oder unbewusste Entscheidung Ihrerseits nachziehen kann, sich zu entscheiden an ihren Netzwerkengagements langfristig stärker zu arbeiten. Es ist mit Zeiteinsatz, Engagement und Anstrengungen verbunden, aber genau wie bei einem Fußballspiel mit Verlängerung und Elfmeterschießen, ohne 100 %ige Vollgasmentalität geht es nicht und für alle anderen Wettbewerber auf Ihrem Weg zum Fixstern gelten die gleichen Rahmenbedingungen. Sie können sich nun darüber bewusst werden, dass es alleine an Ihnen liegt, ob Sie ein starkes Netzwerk aufbauen oder nicht, niemand hindert Sie daran. Geben Sie Gas, viel Erfolg!

Literatur

Böttger, M., Weilandt, M., & Braun, O. L. (2019). Zeitmanagement. In *Selbstmanagement und mentale Stärke im Arbeitsleben* (S. 21–36). Berlin/Heidelberg: Springer.

Covey, S. R., Merrill, A. R., Merrill, R. R., & Altmann, A. (2014). *Der Weg zum Wesentlichen: der Klassiker des Zeitmanagements*. Frankfurt a. M.: Campus.

Däfler, M. N. (2018). Zeitmanagement-Methoden anwenden. In *Gib mir Geduld – aber flott!* (S. 241–259). Berlin/Heidelberg: Springer.

Franzen, A., & Hangartner, D. (2005). Soziale Netzwerke und beruflicher Erfolg. *KZfSS Kölner Zeitschrift für Soziologie und Sozialpsychologie, 57*(3), 443–465.

Goodman, R., Scott, S., & Rothenberger, A. (2000). Hyperaktivität. In *Kinderpsychiatrie kompakt* (S. 77–87). Berlin/Heidelberg: Steinkopff/Springer.

Granovetter, M. (1974). Granovetter replies to Gans. *American Journal of Sociology, 80*(2), 527–529. University of Chicago Press.

Granovetter, M. (1995). Coase revisited: Business groups in the modern economy. *Industrial and Corporate Change, 4*(1), 93–130.

Granovetter, M. (2005). The impact of social structure on economic outcomes. *Journal of Economic Perspectives, 19*(1), 33–50.

Granovetter, M. (2018). *The sociology of economic life*. Routledge.

Granovetter, M. S. (1973). The strength of weak ties. *American Journal of Sociology, 78*(6), 1360–1380.

Quernheim, G. (2018). Zeitmanagement. In *Und jetzt Sie! – Selbst-und Zeitmanagement in Gesundheitsberufen* (S. 127–150). Berlin/Heidelberg: Springer.

Rusch, S. (2019). Zeitmanagement. In *Stressmanagement* (S. 113–123). Berlin/Heidelberg: Springer.

Seiwert, L. (2012). *30 Minuten Zeitmanagement*. Offenbach am Main: GABAL Verlag GmbH.

# 4

Wettbewerb annehmen und Vollgas geben

Wir befinden uns in einem ständigen Wettbewerb, privat und beruflich. Das müssen Sie akzeptieren, je früher, desto besser. Natürlich gibt es unterschiedliche Intensitätsphasen im Leben und der Wettbewerb ist gelegentlich auch nicht immer auf den ersten Blick sichtbar.

Sei es ein guter Job, eine gute Ausgangssituation für den eigenen Betrieb, Aufträge, Lebenspartner, Liegenplatz am Pool im Urlaub oder Medaillen beim Sport – irgendwie ist da immer jemand, der das auch will. Wundert Sie das?

Man kann mit dieser Situation unterschiedlich umgehen, indem man entweder jammert und sich einen Planeten wünscht, auf dem kein Wettbewerb existiert, oder man nimmt es positiv an und arbeitet hart und ständig daran, sein Ranking zu verbessern. Ihre Entscheidung!

Der Startpunkt in den Wettbewerb des Lebens kann unterschiedlich sein, in benachteiligten Wohngebieten (Friedrichs und Blasius 2000), in Armut (Meier et al. 2013), in Abhängigkeit von der Einkommensstärke des

Haushaltes (Schupp et al. 2003), persönlichen kognitiven Fähigkeiten (Schmidt-Atzert et al. 2004), dem Zugang zu frühkindlicher Bildung (Schlotter und Wößmann 2010), aus einem Nichtakademiker- oder Akademikerhaushalt kommend (Peter und Wittenberg 2016; Wienert 2006), Rahmenbedingungen in der Schule (Eichhorn 2008), dem Hang zum Perfektionismus (Spitzer 2016) oder übertriebenen Erwartungen der Eltern bis hin zur systemischen Familientherapie (Nemetschek 2013). Jeder hat, wie man sagt, sein Päckchen zu tragen, und es liegt an uns, wie wir mit dem Startpunkt umgehen. Denken Sie bitte immer daran:

> **Tip**
>
> **Den Sieger erkennt man nicht am Start, sondern an der Ziellinie!**

4.1 Sporterfahrungen und beruflicher Wettbewerb

Nachdem ich 2014 und 2016 an der Harvard Business School (Boston, USA) auf der Open and User Innovation Conference (OUI) vorgetragen habe und im März 2015 auch einen Erfahrungsaustausch zu Lehrmethoden vor Ort am Harvard Innovation Lab und dem MIT Media Lab absolviert hatte, habe ich auch meine Erfahrungen von der Second World of Innovation Conference (WOIC) im Silicon Valley (USA) im November 2015 genutzt, die von der University of California, Berkeley organisiert wurde und verschiedene Dinge mit Hinblick auf die Sporterfahrungen und den beruflichen

4 Wettbewerb annehmen und Vollgas geben 113

Wettbewerb einfließen lassen. Dabei hatte ich auch eine Studie 2017 auf der Singapore Economic Review Conference (SERC) vorgestellt. Da ging es darum, dass in diesem eingegrenzten Forschungsfeld des Einflusses von Erfahrungen aus dem Schul- und Vereinssport in der Jugend sich die Frage stellte, ob einige Unternehmensgründer dadurch auch eine gewisse Resilienz aufbauen, um innovative kleine und mittelständische Unternehmen zum Beispiel in der Medizinprodukte- und Medizintechnikindustrie aufzubauen, und inwiefern die Relevanz dieser Sporterfahrungen bei der Führungskompetenz Einfluss hat. Zu dem Thema Resilienz an sich wird Frau Professor Dr. Sabrina Krauss im Unterkapitel 4.5 einen ausführlichen Überblick geben.

Nun zu der Studie: Ich hatte im Jahr 2017 in der Zeitschrift Ideen- und Innovationsmanagement, herausgegeben vom Deutschen Institut für Betriebswirtschaft (43. Jahrgang/03.17), bereits zu dieser Thematik, wie Sporterfahrungen Unternehmensgründer beeinflussen, publiziert. Dabei ging es um Folgendes:

Bei dem Studiendesign hatten wir damals einen empirischen Ansatz gewählt und wollten überprüfen, ob Sporterfahrungen auf Wettkampfebene in der Jugendzeit unabhängig davon, ob es Einzel- oder Mannschaftssport ist, durch Erfahrungen wie Training, Leistungssteigerung durch Training, Verletzungen, Zielsetzung, Team oder Individualleistung, Spieler-/Trainerbeziehungen und Siege/Niederlagen, ob es dann zu einer Weiterentwicklung der Personen kommt, ob sie dadurch mentale Stärke aufbauen und ob das eben Einfluss hat auf die Unternehmensgründer und die Entwicklung der Unternehmen. Es wurden damals zwischen Januar 2015 und Januar 2017 in zwei Stufen 48 Firmengründer aus der Medizinprodukte- und Medizintechnikindustrie befragt und die waren damals in den Niederlanden, Belgien und Deutschland. Abgefragt wurden fünf Fragen. In der ersten Stufe (Befragung aller 48 Firmengründer):

1. Haben Sie während Ihrer Schulzeit in der Schule oder in einem Verein einen Sport mindestens fünf Jahre absolviert und regelmäßig am Training teilgenommen?
2. War es ein Mannschaftssport oder eine Einzelsportart?
3. Haben Sie zusätzlich zum Training regelmäßig an Wettbewerben im Verein beziehungsweise an Stadtmeisterschaften teilgenommen?

Des Weiteren haben wir dann auch gefragt, ob diese Sporterfahrungen aus der Jugendzeit Einfluss hatten auf die spätere Unternehmenstätigkeit. Und dabei hatten wir Unternehmen befragt, die jünger waren als zehn Jahre. Wichtig war, dass die Gründer noch in der Geschäftsführung aktiv sind. Bei den 48 befragten Unternehmensgründern und Unternehmensleitern waren 34 Personen dabei, die regelmäßig Sport mindestens fünf Jahre in der Jugendzeit trainiert und an Wettkämpfen teilgenommen haben. Und von diesen 34, die in der Jugendzeit Wettkampfsport erlebt haben, haben 85,3 Prozent angegeben, dass das ihnen bei der späteren Unternehmensgründung geholfen hat. Und 67,65 Prozent gaben an, dass sie ohne diese Erfahrungen aus ihrer heutigen Einschätzung, ohne diese Sporterfahrung aus der Jugendzeit, das Unternehmen nicht ebenso erfolgreich hätten aufbauen können.

Wir kamen damals anwendungsorientiert bewertet zu dem Ergebnis, dass es nachvollziehbar ist, dass Sporttrainings und Wettkampferfahrungen in der Jugendzeit persönlichkeitsbildend sind und das Durchhaltevermögen, die Belastbarkeit und das kämpferische Wettbewerbsverhalten fördern. Und das sahen wir in den Antworten der Unternehmensgründer und -leiter bestätigt. Wir haben das soweit interpretiert, dass man als Unternehmensgründer aus der Sporterfahrung aus der Jugendzeit weiß, dass es Hoch- und Tiefphasen gibt, Siege und Niederlagen, und dass überdurchschnittlich harte Arbeit und Aufwand im Wettbewerb dauerhaft zum Erfolg führen. Die Studie bestätigte, innerhalb des überschaubaren Befragten-Pools, dass eben Einfluss von Sporterfahrung aus der Jugendzeit auf Unternehmensgründer innovativer kleiner und mittelständischer Unternehmen in der Medizinprodukte- und Medizintechnikindustrie unter besonderer Berücksichtigung des Themenkomplexes der Resilienz dazu beitragen konnte, durchzuhalten, und dass auch in Schulen und in der Sozialarbeit großen Wert auf Körperertüchtigung und Interaktion im sportlichen Kontext, auch mit Hinblick auf Training und Wettkampf zu legen ist. Der positive Einfluss auf Persönlichkeitsbildung konnte auch unterstrichen werden. Wir sind damals so verblieben, dass wir Folgestudien empfohlen haben.

Ich darf Ihnen an dieser Stelle die Zwischenergebnisse der Follow-up-Studie zu diesen Studienergebnissen aus den Jahren 2016/2017 mitteilen: Zwischen Februar und Mai 2019 befragten wir (von den insgesamt 31 Befragten waren 24 Männer und sieben Frauen) zweimal vor Ort, zweimal in London (Großbritannien) einmal 16 und einmal 15 Unternehmensgründer (Einschlusskriterien: Alter der Befragten 20–40 Jahre), deren Start-up-Unternehmen ausschließlich im Technologiebereich tätig und die Unternehmen nicht älter waren als drei Jahre, nach ihren Erfahrungen. Wichtig waren als Vorabergebnisse (die endgültigen statistischen Auswertungen sind noch nicht erfolgt): Alle Befragten gaben an, in ihrer Jugend und Hochschul- oder Universitätszeit Sporterfahrungen und Wettkampf erlebt zu haben, interessanterweise waren von den 31 Befragten 26 im Einzelsport aktiv, und zwar Pferdereitsport, Golf, Tennis oder Boxen. Während meine ersten Einschätzungen bei der Studie aus den Jahren 2016/2017 dahingingen, dass gerade Teamsport hier der entscheidende Faktor ist, scheint es so zu sein, dass der sportliche Wettbewerb mit anderen Individuen, und Pferdereitsport, Golf, Tennis und Boxen sind Sportarten, bei denen man alleine antreten muss, ähnlich, wie bei der Leichtathletik in vielen Disziplinen, dass der Wettbewerbsdruck, die Wettbewerbserfahrung und das Bestehen in dieser Situation, also nicht der Teamsport, sondern **der direkte sportliche Wettbewerb an sich, der entscheidende Faktor** sein könnte, aber hier sind natürlich weitere Studien zu verfolgen.

Anhand von Abb. 4.1 wird deutlich, dass der Wille zum Erfolg nie nachlassen darf. Ob Sieg oder Niederlage, der Wille zum Erfolg, der Hunger, sich weiterzuentwickeln, bleibt erhalten:

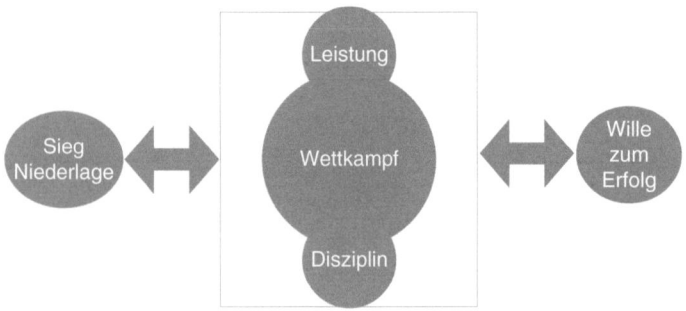

Abb. 4.1 „Permanenter Wettkampfmodus" nach Plugmann (eigene Darstellung). Diese Abbildung beschreibt, dass der Wille zum Erfolg nie nachlässt

4.2 Gastkommentar Assina Müller „(Mannschafts-)Sport in Jugendjahren härtet ab" (Ehemalige Handball-Bundesligaspielerin, Masterstudentin und Physiotherapeutin, B. Sc.)

Die Redewendung „Sport härtet ab" ist im Volksmund weit verbreitet. Unzählige Studien belegen, dass regelmäßiges sportliches Training viele Risiken verhindert. Dennoch ist die richtige Dosierung entscheidend. Körperliches Training lässt sich so dosieren wie ein Medikament: wirkungslos, optimal, aber auch so, dass es zum Gift wird. Vor allem im frühen Kindesalter hat Sport einen enormen Einfluss auf die physische sowie psychische Entwicklung des Kindes (Janssen und LeBlanc 2010). Dennoch bewegen sich laut des 4. Kinder- und Jugendsportberichtes (2020) rund 80 Prozent der Kinder und Jugendlichen in Deutschland zu wenig (Breuer et al. 2020). Sie unterschreiten allesamt die von der Weltgesundheitsorganisation WHO empfohlene Bewegung pro Tag (mindestens 60 Minuten am Tag und dabei sollte es sich vor allem um aerobe Aktivität von moderater bis hoher Intensität handeln; World Health Organization 2018). Ein Blick in Kitas, Schulen und Sportvereine bestätigt dieses Bild. Sport spielte im Leben von Heranwachsenden immer schon eine große Rolle. Geändert haben sich inzwischen jedoch die Rahmenbedingungen. Der Alltag von vielen Kindern und Jugendlichen ist geprägt durch frühzeitige und ganztägige Besuche von Kindertagesstätten und Kindergärten, eine veränderte Struktur des Schulsystems, ein Aufkommen neuer Freizeitbeschäftigungen und eine digitale Vernetzung durch Smartphones und soziale Netzwerke.

Durch die erhöhte Sitztätigkeit, mangelnde sportliche Bewegung und vermehrte schlechte Ernährung resultieren bereits im frühen Kindesalter Übergewicht/Adipositas und chronische, teilweise ernährungsabhängige Erkrankungen. Neben individuellen gesundheitlichen Folgen rücken auch gesellschaftlich soziale Folgen bereits im frühen Kindesalter immer mehr in den Fokus (Oberger et al. 2010).

Der schmale Grat der richtigen Dosierung von sportlichem Training beschäftigt mich seit vielen Jahren. Als ehemalige Handball-Bundesligaspielerin und Trainerin im Leistungs- sowie Nachwuchsbereich habe ich meine eigenen Erfahrungen mit diesen Herausforderungen täglich machen dürfen. Als ich damals, im Alter von vier Jahren, meine erste Begegnung mit dem Handballsport hatte, wusste ich noch nicht, wo mich mein sportlicher Weg hinführen würde. In meiner ersten Trainingseinheit warf mir mein Bruder einen Handball an den Kopf. Aus Trotz sagte ich zu ihm: „Warte, mein Lieber, das bekommst du irgendwann zurück". Mein Bruder war größer, stärker und flinker. Dennoch hatte ich ein Ziel und eine starke intrinsische Motivation, ich wollte besser sein als er. Rückblickend kann ich sagen, dass ich dies sportlich geschafft habe. Aber wie habe ich es geschafft von einem bescheidenden Dorfverein, über Bezirks- und Landesauswahlen an die nationale Spitze zu gelangen? Und hat mich der Sport für mein späteres Leben abgehärtet?

Sport hat viele positive Effekte, die sich auf die physischen und psychischen Aspekte des Körpers beziehen. Aber was ist es genau, was Kinder und Jugendliche durch den Sport abhärten lässt?

Aus meiner persönlichen Erfahrung kann ich von einem prägenden Ereignis berichten. Nachdem ich nach einiger Zeit das Handball-spielen für mich entdeckt hatte, fasste ich einen entscheidenden Entschluss. Ich verkündete, dass ich einmal in der Handball-Bundesliga der Frauen spielen werde. Meine Familie, Freunde, Mitspielerinnen und Trainerinnen belächelten mich für mein Vorhaben. Ich war nicht die talentierteste Spielerin, aber ich hatte die richtige Einstellung, Ehrgeiz und Wille, um mein Ziel zu erreichen. Mein Ziel war klar definiert, es war SMART – spezifisch, messbar, attraktiv, realistisch und terminiert. Mein Ehrgeiz war geweckt, meinem Umfeld zu zeigen, dass Wille sowie meine Motivation Berge versetzen kann und ich mein Ziel erreichen werde.

Ich bin der Meinung, dass durch die richtige Zusammensetzung verschiedenster individueller Fähigkeiten und Fertigkeiten Kinder und Jugendliche durch den Sport für ihr späteres Leben geprägt werden. Kinder haben einen natürlichen Bewegungsdrang. Sie lernen ihr Umfeld aktiv kennen, sie entwickeln sich durch Bewegung. Und das nicht nur im Bereich der Motorik, sondern auch emotional, (psycho)sozial und kognitiv. Neben sozialer Interaktion lernen die Kinder früh, sich auf spielerische Art und Weise zu duellieren. Konkurrenz hat eine andere Bedeutung als im späteren Berufsleben. Kinder lernen, mit Niederlagen umzugehen und Erfolge gemeinsam zu feiern. Der Teamgedanke wird den Kindern früh vermittelt. Sie sollen lernen, auch das vermeintlich schwächste Glied in die Gruppe zu integrieren und gemeinsam zum Teamerfolg zu gelangen. Bereits Alexandre Dumas der Ältere verkündete 1844 in seinem historischen Roman „Les Trois Mousquetaires" den Kerngedanken von Mannschaftssport: „Unus pro omnibus, omnes pro uno – Einer für alle und alle für einen!" (Dumas der Ältere 1844).

Sport ist, trotz der veränderten gesellschaftlichen Rahmenbedingungen, weiterhin die Nummer 1 der außerschulischen Freizeitaktivitäten bei Kindern und Jugendlichen. Vor allem im Kindes- und Jugendalter wird Sport im Verein ausgeübt. Dies kann mit sozialer Anerkennung sowie einer Stärkung des Selbstwertgefühls und der Selbstwirksamkeit einhergehen. Hieraus resultieren sogenannte „Social Skills", die in der heutigen Arbeitswelt als Grundvoraussetzung angesehen werden. Kinder werden durch den Sport geprägt und lernen auf spielerische Art und Weise, einen Platz in der heutigen, immer anspruchsvolleren, leistungsorientierteren und schnelllebigen Welt einzunehmen.

Abschließend ist festzuhalten, dass Erfolg im Kopf beginnt – egal, ob im Berufsleben, Privatleben oder beim Sport. Sport bietet die Möglichkeit bereits im frühen Kindesalter, auf verschiedensten Ebenen erfolgreich zu sein. Albert Schweitzer sagte einmal: „Nicht Erfolg ist der Schlüssel zum Glück, sondern Glück der Schlüssel zum Erfolg. Wenn du gerne tust, was du tust, wirst du auch erfolgreich sein." Kinder sollten ungezwungen und unbedarft ihre sportlichen Fähigkeiten und Fertigkeiten kennenlernen dürfen. Denn nur dann können sie Sport in seiner Gänze erleben und hierdurch im Laufe ihres Lebens profitieren.

4.3 Prinzip der höchsten Dringlichkeit

Haben Sie beim Fußball schon mal einen Mittelstürmer gesehen, der gemächlich auf das gegnerische Tor zustürmt oder beim Basketball einen Angreifer, der beim Fastbreak gemütlich zum gegnerischen Korb zieht? Natürlich nicht, das ist unlogisch.

Warum ist es im Sport ganz normal, wenn man zum Erfolg kommen möchte, nach dem Prinzip der höchsten Dringlichkeit zu handeln, nur im Berufsleben oder privat scheinen manche eine Schlaftablette genommen zu haben und bewegen sich mit einer Geschwindigkeit auf das Ziel zu, als hätte man 100 Jahre Zeit. Dabei kann man sich klarmachen, dass für bestimmte Möglichkeiten oder Gelegenheiten nur ein begrenztes Zeitfenster offen ist. Wenn man innerhalb einer bestimmten Zeit durch dieses Zeitfenster nicht durchgeht und somit die Gelegenheit an sich vorbeiziehen lässt, dann kann es durchaus sein, dass es lange dauert, bis sich diese Möglichkeit wieder ergibt und sich erneut ein Zeitfenster öffnet.

> **Tip**
>
> **Tipp: Handeln Sie immer nach dem Prinzip der höchsten Dringlichkeit!**

Das bedeutet, Sie möchten, dass Dinge schnell erledigt werden. Es ist immer schön, wenn man selbst der Faktor ist und man selbst die Steuerung beeinflussen kann, wenn es darum geht, dass man selbst zeitnah ein bestimmtes Arbeitspaket abarbeitet, eine Gelegenheit wahrnimmt oder Dinge vorantreibt. Schwieriger wird es, wenn die Inanspruchnahme dieser Möglichkeit von Dritten abhängt. Dann können Sie Druck machen. Druck machen heißt, es kommt zu Konflikten. Sie rufen Leute an, Sie fragen, ob sie fertig sind, wann die Unterlagen kommen, oder warum dieser oder jener Projektabschnitt noch nicht, wie vereinbart, abgegeben wurde. Es baut sich ein Druck auf. Wenn es gut läuft, erledigt sich das alles in Ihrem Sinne. Ansonsten kommt es zu Konflikten. Das bedeutet, auf dem Weg zum Erfolg werden Sie auch Konflikttraining nehmen müssen oder sich darin üben, denn es funktioniert leider oft nur damit, dass man anderen Druck macht. Dabei gewinnt man nicht nur Freunde. Deshalb muss man dem anderen auch immer die Möglichkeit geben, die Situation zu verbessern und niemals es so extrem treiben, dass die andere Person ihr Gesicht verliert. Auch unter Druck gilt FAIR PLAY, das ist eine gute Grundlage für langjährige und vertrauensvolle Zusammenarbeit.

Entscheidungen schnell treffen
Um schnell handeln zu können und das Prinzip der höchsten Dringlichkeit umsetzen zu können, müssen Sie Entscheidungen schnell treffen. Das bedeutet, Sie müssen bestimmte Kriterien etablieren, wie Sie Entscheidungen innerhalb kurzer Zeit fällen. Beispielsweise steht eine Wohnung zum Verkauf für einen guten Preis – kaufen oder nicht kaufen. Sie wollen ein weiterbildendes Studium berufsbegleitend absolvieren. Studienbeginn ist in sechs Wochen. Sie haben drei Hochschulen zur Auswahl. Sie müssen eine wählen, denn Sie müssen bedenken, dass noch Anmeldezeit vergeht, dass Sie eine Zusage brauchen, und dieses eventuell mit Ihrem Arbeitgeber oder Ihrer Firma absprechen müssen.

Urlaubsreise wird günstig angeboten, aber Sie haben nur drei Tage, um zu buchen – buchen oder nicht buchen. Man spricht Sie an, ob Sie ehrenamtlich in einer bestimmten Organisation einmal im Monat aushelfen können, oder ob Sie bei einer Spendenaktion mitmachen, die noch zwei Tage läuft – ja oder nein. Nach welchen Kriterien können Sie Entscheidungen schnell treffen: Als Erstes müssen Sie sich von der Vorstellung verabschieden, dass Sie immer die richtige Entscheidung treffen können, denn Sie treffen die Entscheidung zu einem Zeitpunkt T0 und bewerten diese Entscheidungsfindung im Zeitfenster T1, also Wochen, Monate oder Jahre später. Die Rahmenbedingungen sind andere, die Erkenntnisse sind auch gewachsen und somit ist die Situation und Basis, aufgrund derer Sie diese Entscheidung getroffen haben, andere.

Sie werden also immer einen Prozentsatz falscher Entscheidungen treffen. Das lässt sich auch nicht verhindern. Aber wenn Sie grundsätzlich solange warten, bis die Gelegenheiten nicht mehr gegeben sind, dann werden Sie wahrscheinlich viele Gelegenheiten nicht wahrnehmen können (und wenige Fehler machen). Umgekehrt bedeutet das, Sie müssen bei Entscheidungen auch mal ins Risiko gehen, um erfolgreich zu sein. Und wenn Sie risikoaffin sind, also gerne Risiken eingehen und auch bereit sind, die Konsequenzen zu tragen, das heißt Finanz-, Zeit- oder Reputationsverlust, dann werden Sie häufiger Entscheidungen treffen, und auch häufiger risikoaffine Entscheidungen. Wenn Sie eher ein Sicherheitsspieler sind und am liebsten gar keine Risiken eingehen, dann werden Sie Entscheidungen gar nicht treffen, bis die Möglichkeiten, die sich vor Ihnen eröffnen, eben nicht mehr gegeben sind, oder Sie werden eben sehr oft Angebote ablehnen. Das ist das Spektrum und die Problematik mit Entscheidungen. Grundsätzlich, wenn Sie sich für eine Möglichkeit interessieren, wenn sich eine Gelegenheit bietet und Sie entscheiden sich, da mitzumachen oder daran teilzunehmen, dann müssen Sie nach dem Prinzip der höchsten Dringlichkeit entscheiden, denn der Wettbewerb schläft nicht und das Zeitfenster bleibt nicht ewig offen.

4.4 Fachexpertise gewinnt: Kenntnis der Produkte und Dienstleistungen

In welcher Branche Sie auch arbeiten, Sie haben direkt oder indirekt mit Produkten und Dienstleistungen zu tun. Das bedeutet, Sie müssen sich mit den Produkten und Dienstleistungen auskennen, und zwar bestens. Die Bereiche, in denen Sie tätig sind, sei es B2B, also Business to Business, oder B2C, Business to Customer, sind mit unterschiedlichen Anforderungen behaftet, aber letztlich müssen Sie auf die Frage der Kunden, warum sie bei Ihnen kaufen sollen, oder warum sie Ihre Dienstleistungen in Anspruch nehmen, Antworten haben. Das bedeutet, Sie bereiten sich mit einem Einwandkatalog auf die Gespräche vor. So wie aus den verschiedenen Industrien bekannt, sind die typischen Kundenantworten „keine Zeit", „kein Interesse", „kein Geld" genauso, wie es im Vertrieb bestimmte Einwandstrategien gibt, um darauf zu antworten. Sie müssen aber umgekehrt Ihre Produkte und Dienstleistungen ausgezeichnet kennen. Dazu gehört Fachkunde und auch die Perspektive, was die Kunden, die Ihre Produkte oder Dienstleistungen in Anspruch nehmen möchten, daran haben. Um auf den Punkt gebracht zu sprechen: Wenn Sie gefragt werden „Warum soll ich Ihr Produkt" oder „Ihre Dienstleistung in Anspruch nehmen? Was ist das Alleinstellungsmerkmal?", dann müssen Sie gut vorbereitet auf diese Fragen antworten können – in der Tiefe und in der Breite. Sie müssen Fachexperte sein und entsprechend müssen Sie auch, wenn Sie im direkten Gespräch sind, sich sprachlich, körperlich und von der Stimme entsprechend präsentieren.

Dabei spielt Authentizität eine wichtige Rolle und viele andere Aspekte. Ich persönlich habe zum Beispiel vor 15 Jahren an einem mehrtägigen Schulungstraining teilgenommen, bei dem ich einen Kurzvortrag gehalten habe. Die Gruppe der Kursteilnehmer bestand aus zwölf Personen. Jeder konnte über ein Thema seiner Wahl einige Minuten referieren und wurde dabei mit einer Videokamera gefilmt. Das war das erste Mal, dass ich mich auf einer Videokamera habe sprechen sehen. Und interessanterweise habe ich damals bei den Vorträgen immer gerne „eine intellektuelle Pause" eingelegt, weil ich dachte, dass es dem

4 Wettbewerb annehmen und Vollgas geben

Vortrag so einen gewissen intellektuellen Touch gibt. Als ich mich selbst aber auf dem Video habe sprechen sehen, hatte ich Sorge, dass ich einen Herzstillstand habe, weil die Pause für den Zuschauer so unendlich lang war, dass man dachte „Hat er seinen Text vergessen oder macht er gerade ein System-Relaunch?". Das würde ich Ihnen sehr empfehlen, dass Sie mal einige Sprechübungen machen, sich aufnehmen lassen. Das ist natürlich heutzutage mit dem Smartphone eine ganz einfache Sache. Verabreden Sie sich einfach mit Freunden, die auch gelegentlich Vorträge halten oder auch regelmäßig im Kundenkontakt sind und dann bewerten Sie sich gegenseitig. Das kann durchaus eine spielerische Komponente haben und ist für einen Samstagabend eine tolle Freizeitbeschäftigung.

Man stellt fest, dass man sich immer weiter verbessern kann. Die Art und Weise, wie man steht, wie die Körperhaltung ist, wie man spricht, wie man seine Stimme moduliert und wie die Argumente auch sind, führen dazu, dass man das einfach reflektiert und sich verbessert. Es gibt also für den Auftritt und auch für den ersten Eindruck natürlich kein zweites Mal. Man kann sich immer nur einmal ein erstes Mal präsentieren. Wichtig ist, wenn Sie erfolgreich sein wollen, dass Sie ausgezeichnete Kenntnis („Top-10 %") über die Produkte und Dienstleistungen haben, die Sie anbieten und da einfach Experte sind und standfest bleiben. Und da muss man manchmal auch Entscheidungen treffen. Gebe ich jetzt für ein mehrtägiges Kommunikationstraining 2000 Euro aus und verbessere mich in meinem Auftritt, in meiner Kommunikation und in meiner Argumentation oder fahre ich ein drittes oder viertes Mal in diesem Jahr in Urlaub.

Wenn das Geld knapp sein sollte, dann muss man eine Entscheidung treffen. Und hier ist der Urlaubsverzicht sicherlich eine Alternative oder die Sportfelgen fürs Auto.

Man muss einfach Prioritäten setzen. Und die höchste Priorität, die gesetzten Ziele zu erreichen, ist, dass man persönlich auch einige Opfer bringt. Da kann es sein, dass man eben im Extremfall sogar sein Auto verkauft und ein halbes Jahr oder Jahr eben mit der Straßenbahn durch die Gegend fährt. Wenn das das Opfer ist, das man bringen muss, um sein Ziel zu erreichen, dann ist es eben so. Aber es wird sich lohnen – es kommt zehnfach zurück. Die Steigerung der Fachexpertise ist natürlich nicht nur die, dass man seine eigenen Produkte und Dienstleistungen gut kennt, sondern auch die der wichtigsten Wettbewerber. Das ist eine Mehrarbeit, die man leisten muss, denn man ist immer im Wettbewerb, sowohl bei den technischen Spezifikationen, wenn es sich zum Beispiel um medizintechnische Produkte handelt, bei der Preisgestaltung, bei der Finanzierung und auch bei den Servicevereinbarungen, als auch bei der telefonischen Erreichbarkeit und anderer Nebenfaktoren. So ist es wichtig, dass man auch die Konkurrenzprodukte und deren Dienstleistungen kennt. Dieser Mehraufwand lohnt sich, denn man kann dann im Gespräch mit potenziell neuen Kunden oder Bestandskunden, die abwandern möchten, ein tiefergehendes Gespräch führen, Qualitäts- und Garantiemerkmale herausstellen, und ein individuelles Angebot erstellen, dass einen Kompromiss darstellt, aber den Kunden trotzdem für das eigene Unternehmen gewinnen lässt.

Ihre Hausaufgaben sehen Sie in Abb. 4.2, prüfen Sie bitte, in welchen Bereich Sie besser werden könnten. Fachexpertise, professionelle Vorbereitung und ein sehr guter erster Eindruck sind Grundlage für erfolgreiche langfristige Beziehungen zu anderen Menschen. Viele Unternehmen differenzieren sich heute mehr über das Beziehungsmanagement zum Kunden. Kombiniert mit exzellenter Fachexpertise haben Sie bestmögliche Erfolgschancen:

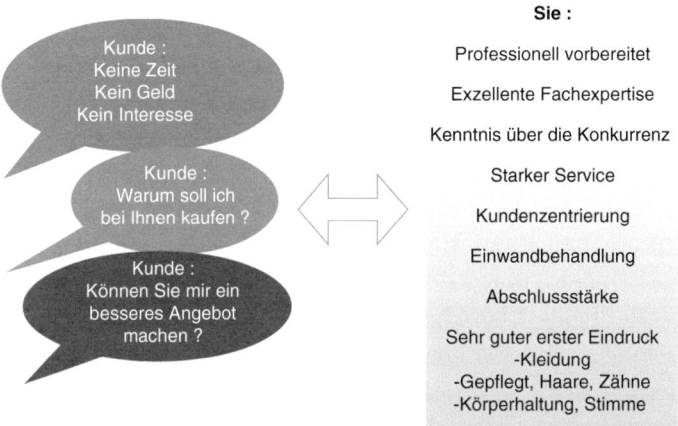

Abb. 4.2 „Fachexpertise bedeutet professionelle Vorbereitung" nach Plugmann (eigene Darstellung). Diese Abbildung beschreibt Ihre Hausaufgaben, die Sie machen sollten, um Ihre Ziele zu erreichen

4.5 Gastbeitrag RESILIENZ von Prof. Dr. Sabrina Krauss, SRH Hochschule in Nordrhein Westfalen

4.5.1 Resilienz

Der Begriff Resilienz beschreibt die psychische Widerstandsfähigkeit einer Person (Brinkmann 2014); also die Fähigkeit, Krisen zu meistern und auch nach Tiefschlägen wieder zufrieden und glücklich werden zu können. In neueren Untersuchungen wird der Begriff noch weiter gefasst und zum Beispiel auf Unternehmen oder sogar auf Führungsverhalten ausgedehnt (Pauls et al. 2019). Im hier vorliegenden Kapitel soll der Fokus auf die individuelle Resilienz gelegt werden. Betrachtet werden soll der Nutzen der Resilienz für die Person und auch die Möglichkeit, die vorhandene Resilienz noch weiter auszubauen. Besonders in Bezug auf die Erreichung von Zielen lohnt sich der Blick auf die Resilienz, da wohl eher wenige Ziele beim ersten Anlauf erreicht werden. Scheitern, die folgende Frustration aushalten und das Ziel anschließend weiter zu verfolgen – all das hängt mit Resilienz zusammen und gelingt umso besser, desto höher die individuelle Resilienz ausgeprägt ist.

Resiliente Menschen erholen sich von Krisen und Misserfolgen schneller als andere. Sie finden einen Sinn in den Ereignissen, die ihnen widerfahren sind und hadern nicht zu lange mit den damit einhergehenden empfundenen Ungerechtigkeiten. Interessante Forschungen zum Thema Resilienz entstanden zum Beispiel, als Emmy Werner auf der Insel Kaui (Hawaii) im Rahmen einer groß angelegten Langzeitstudie heraus fand, dass Kinder, die unter widrigen Umständen (Armut, Gewalt, starker Alkoholkonsum der Eltern etc.) aufwuchsen, nicht zwingend eine psychische Erkrankung entwickelten (Werner 2011) oder gar den gleichen destruktiven Lebensweg wie ihre Eltern einschlugen. Es gab Kinder, bei denen sich das traurige Schicksal wiederholte, doch es gab auch viele Kinder, die es trotz aller Schwierigkeiten schafften, ein zufriedenes Leben zu führen und die krisenhafte Kindheit hinter sich zu lassen. Die Kinder, die es schafften, ein zufriedenes Leben zu führen, bezeichnete man als resilient. Dieses Beispiel zeigt, dass nahezu jeder von uns eine Krise überwinden kann, sogar gestärkt aus ihr hervorgehen kann. Das bedeutet auch, dass unsere Vergangenheit nicht zwangsläufig als Entschuldigung für heutigen Stillstand oder Unmut benutzt werden kann. Menschen sind ihrer Vergangenheit nicht ausgeliefert. Wir können alle neu anfangen, neue Ziele setzen und Neues erschaffen. Das bedeutet nicht, dass dieser Weg einfach wird, oder dass es leicht sein würde, aber es heißt, dass wir es schaffen können. Allerdings nur, wenn wir es wirklich wollen, denn Leistung besteht immer auch aus dem „Wollen". Man könnte sagen: Leistung ist „Können mal Wollen". Oder: „Wer nicht will, der kann auch nicht!"

Manchmal wird diskutiert, ob es sich bei dem Konstrukt „Resilienz" um ein Persönlichkeitsmerkmal oder eine trainierbare Fähigkeit handelt. Die Erfahrung und einige Forschungsansätze, z. B. das *Comprehensive Soldier Fitness Programm* der US Army (Harms et al. 2013), zeigen, dass sich das Training der eigenen Resilienz durchaus lohnen kann, was im Folgenden näher beschrieben werden soll.

Natürlich stellt nicht jeder Misserfolg gleich eine Krise dar, dennoch ist es nicht immer einfach, mit einem Misserfolg umzugehen und die noch vorhandene Energie weniger in das Beklagen oder Verurteilen der momentanen Situation zu investieren, sondern dafür zu verwenden, ein Ziel erneut anzugehen. Genau hier liegt aber einer der Schlüsselfaktoren der resilienten Menschen, also denen, die sich schneller erholen. Krisen, Misserfolge und schwierige Situationen sind untrennbar mit der menschlichen Existenz verbunden. Tritt also eine herausfordernde Situation ein, kann man auf unterschiedliche Arten reagieren: man könnte den Umstand betrauern oder verärgert sein, dass es so gekommen ist. Aber weder der Ärger, noch die Trauer werden die Vergangenheit ändern. Man könnte also auch das Geschehene akzeptieren und den Fokus wieder auf das legen, was man erreichen möchte. Der Umgang mit einer Situation hat immer auch mit einer Entscheidung zu tun. Es sind meist nicht die Situationen, die uns so lange die Energie rauben, sondern viel mehr unsere Bewertungen der Situation. Sicherlich ist die Umsetzung nicht ganz einfach, aber sie fängt mit einer Entscheidung an. Der Entscheidung, nicht länger als nötig an Leid oder Schmerz festzuhalten. Je häufiger wir diese Entscheidung treffen, desto eher können wir diesen Ansatz verinnerlichen und unsere Resilienz trainieren.

Ebenfalls hilfreich ist es, sich ein soziales Netzwerk aufzubauen, welches uns stärkt und nährt. Resiliente Menschen haben oft stabile Beziehungen und Bindungen zu anderen Menschen, die ihnen in schwierigen Zeiten zuhören und ihnen Kraft geben. Soziale Beziehungen sind aber nicht nur in krisengeschüttelten Zeiten hilfreich, auch die schönen Momente können durch ein gemeinsames Erlebnis noch schöner empfunden werden. Eine gute Übung zur Reflexion der eigenen sozialen Kontakte ist das „Aufmalen" der Personen, die man häufiger kontaktiert. Diese Personen können auf einem Blatt Papier zum Beispiel als Kreise dargestellt werden, die Namen der entsprechenden Person werden in den Kreis geschrieben. Man selbst stellt sich auf dem gleichen Blatt Papier als Kreuz in der Mitte dar. Nun kennzeichnet man alle Personen, mit denen der Kontakt nicht ausschließlich positiv ist, mit einer roten Linie zwischen dem Kreuz und dem entsprechenden Kreis. Die Personen, die man als hilfreich, unterstützend und im Kontakt als sehr angenehm empfindet, kennzeichnet man mit einer grünen Linie. Im Sinne der Resilienzstärkung kann man so den Kontakt zu den Personen mit den grünen Linien verstärken und den Kontakt zu den Personen mit den roten Linien minimieren oder die Beziehung verändern, sodass die Linie ihre Farbe vielleicht von Rot auf Grün ändert.

Es kann zusätzlich wirksam sein, sich, um die persönlichen Ressourcen zu stärken, einmal zehn Dinge zu notieren, die man gerne tut. Diese Dinge sollten dann im täglichen Leben so oft wie möglich ausgeführt bzw. umgesetzt werden. Durch diese einfache Übung wird zudem eine Reflektion über den Umgang mit der eigenen Zeit angeregt. Um die eigene Resilienz noch weiter zu stärken, kann es ebenfalls wirksam sein, jeden Abend die positiven Geschehnisse des Tages kurz zu notieren, so wird der eigene Fokus auf das Positive und Stärkende gelenkt, woraus sich wieder neue Kraft schöpfen lässt. Das können natürlich auch kleine Dinge sein, wie eine schöne Begegnung oder ein Kompliment. Die meisten Menschen erinnern sich nur an das, was am Tag schief gelaufen ist. Diese Art der Erinnerung raubt allerdings nur weitere Energien.

Es ist also auf vielerlei Arten möglich, die eigene Resilienz zu stärken und Einfluss auf das eigene Leben zu nehmen.

Zusammengefasst heißt das:

- Treffen Sie die Entscheidung, schon eingetretene Ärgernisse (Krisen) zu akzeptieren und noch vorhandene Energie nicht länger daran zu verschwenden.
- Reflektieren und pflegen Sie Ihr soziales Netzwerk.
- Notieren Sie sich zehn Dinge, die Sie gerne tun und setzen Sie diese dann um.
- Richten Sie den Fokus auf die positiven Dinge des Alltags.

Resilient zu sein oder zu werden bedeutet allerdings nicht, keine Krisen mehr zu erleben, resilientes Verhalten lässt sich eher vergleichen mit einem Grashalm, der zwar von einem heftigen Wind niedergedrückt werden kann, aber sobald der Wind vorüber ist, wieder stark und aufrecht nach oben ragt. Zusätzlich sollten wir uns alle vergegenwärtigen, dass Scheitern, Krisen und Misserfolge zum Leben dazugehören und meist weit weniger schlimm zu beurteilen sind, als wir es oft tun. Der konstruktive Umgang mit Misserfolgen kann geübt werden, sicherlich nicht dadurch, dass man sich keine neuen oder nur sehr einfache Ziele setzt. Sehen Sie Scheitern als Chance; als Chance, etwas zu lernen und die eigene Resilienz zum Einsatz zu bringen und zu trainieren. Wagen Sie etwas. Setzen Sie sich Ziele und verfolgen Sie diese. Motiviert, zuversichtlich und resilient.

Literatur

Breuer, C., Joisten, C., & Schmidt, W. (Hrsg.). (2020). *Vierter Kinder- und Jugendsportbericht – Gesundheit, Leistung, Gesellschaft*. Schorndorf: Hofmann.

Brinkmann, R. (2014). *Angewandte Gesundheitspsychologie* (S. 137). London: Pearson.

Dumas der Ältere, A. (1844). *Les Trois Mousquetaires*. Übersetzt von Bräuning, H. (2011). köln: Anaconda.

Eichhorn, C. (2008). *Classroom-Management: Wie Lehrer, Eltern und Schüler guten Unterricht gestalten*. Stuttgart: Klett-Cotta.

Friedrichs, J., & Blasius, J. (2000). *Leben in benachteiligten Wohngebieten*. Wiesbaden: Leske und Budrich.

Harms, P. D., Herian, M., Krasikova, D. V., Vanhove, A. J., & Lester, P. B. (2013). *The comprehensive soldier and family fitness program evaluation. Report #4: Evaluation of resilience training and mental and behavioral health outcomes* (S. 10). P. D. Harms Publications.

Janssen, I., & LeBlanc, A. (2010). Systematische Überprüfung der gesundheitlichen Vorteile von körperlicher Aktivität und Fitness bei Kindern und Jugendlichen im schulischen Alter. *International Journal of Behavioral Nutrition and Physical Activity, 7*(40), 1–16.

Meier, U., Preuße, H., & Sunnus, E. M. (2013). *Steckbriefe von Armut: Haushalte in prekären Lebenslagen*. Berlin: Springer.

Nemetschek, P. (2013). *Systemische Familientherapie mit Kinder, Jugendlichen und Eltern: Lebensfluss-Modelle und analoge Methoden*. Stuttgart: Klett-Cotta.

Oberger, J., Opper, E., Karger, C., Worth, A., Geuder, J., & Bös, K. (2010). Motorische Leistungsfähigkeit als Indikator für die Gesundheit von Kindern und Jugendlichen. *Monatsschrift Kinderheilkunde, 158* (5), 441–448.

Pauls, N., Schlett, C., & Soucek, R. (2019). Organisationale Resilienz. *Zeitschrift für Arbeits- und Organisationspsychologie, 63*, 110–112. https://doi.org/10.1026/0932-4089/a000296.

Peter, F., & Wittenberg, E. (2016). Kinder aus Nichtakademiker-Haushalten wollen nach einem Infoworkshop eher studieren: Sieben Fragen an Frauke Peter. *DIW Wochenbericht, 83*(26), 566–566.

Schlotter, M., & Wößmann, L. (2010). Frühkindliche Bildung und spätere kognitive und nichtkognitive Fähigkeiten: Deutsche und internationale Evidenz. *Vierteljahrshefte zur Wirtschaftsforschung, 79*(3), 99–120.

Schmidt-Atzert, L., Deter, B., & Jaeckel, S. (2004). Prädiktion von Ausbildungserfolg: Allgemeine Intelligenz (g) oder spezifische kognitive Fähigkeiten? *Zeitschrift für Personalpsychologie, 3*(4), 147–158.

Schupp, J., Gramlich, T., Isengard, B., Pischner, R., Wagner, G. G., & Rosenbladt, B. V. (2003). Repräsentative Analyse der Lebenslagen einkommensstarker Haushalte. Studie des DIW Berlin im Auftrag des Bundesministeriums für Gesundheit und Soziale Sicherung.

Spitzer, N. (2016). Perfektionismus und klinischer Perfektionismus – Definitionen und mögliche Ursachen. In *Perfektionismus und seine vielfältigen psychischen Folgen* (S. 25–37). Springer.

Werner, E. (2011). Risiko und Resilienz im Leben von Kindern aus multiethnischen Familien. In M. Zander (Hrsg.), *Handbuch Resilienzförderung* (S. 32–46). Wiesbaden: VS Verlag für Sozialwissenschaften.

Wienert, H. (2006). Einkommensdifferenzen zwischen Nicht-Akademikern und Akademikern. *Wirtschaftsdienst, 86*(2), 105–111.

World Health Organization. (2018). *Global action plan on physical activity 2018–2030: More active people for a healthier world.* https://apps.who.int/iris/bitstream/handle/10665/272722/9789241514187-eng.pdf?sequence=1&isAllowed=y. Zugegriffen am 02.05.2021.

5

Die Entscheidung für den persönlichen Innovationsprozess

Die Transformation des Mindsets entspricht einer persönlichen Neuprogrammierung. Der schwerste Teil ist es, sich nun zu entscheiden, nachdem Sie in den vorangegangenen Kapiteln gelesen haben, welche Opfer und welcher dauerhafter unnachgiebiger Einsatz erforderlich sind. Dabei können Sie, ähnlich den Innovationsprozessen bei der Entwicklung innovativer Produkte und Dienstleistungen, diese nutzen, um Ideen zu generieren und in die konkrete Umsetzung überzugehen, bei der Gestaltung und Transformation Ihres neuen Mindsets. Wichtig ist auch die Realität anzunehmen, sich selbst die eigene Lage nicht schönzureden und das Wunschdenken abzugewöhnen. Sie werden zu einer unnachgiebigen kompromisslosen Lern- und Arbeitsmaschine und das im besten Sinne. Bitte bewerten Sie diese Ausdrucksweise positiv. Nach Zielen und Siegen obsessiv oder besessen zu streben, sollte ein positives Image haben und nicht in negative Krankheitsbilder gepresst sein. Jeder hat das Recht, freiwillig mehr zu leisten und mehr aus seinem Leben machen zu wollen. Der persönliche Wille ist und bleibt Privatangelegenheit.

Wie so oft neigt man dazu, den Dingen viel Platz in der eigenen Gedankenwelt einzuräumen, die einem in der Vergangenheit schwer im Magen lagen, seien es Niederlagen, unerfreuliche Begegnungen mit anderen Menschen oder einfach negative Emotionen in Verbindung mit Erinnerungen an bestimmte Situationen.

Davon dürfen Sie sich mit sofortiger Wirkung verabschieden, und ich möchte Ihnen mit der nachfolgenden „95/5-Regel" eine Handlungsempfehlung an die Hand geben:

5.1 Die 95/5-Regel

Um dauerhaft motiviert und leistungsfähig zu bleiben, sollte man eine positive Grundeinstellung haben und beibehalten. Dazu gehört auch, dass man die Perspektive für die Dinge, die man erfolgreich geschaffen und geschafft hat, nicht verliert. Manchmal neigen Menschen dazu, sich auf das zu fokussieren, was nicht funktioniert hat, eine Art heroischer Perfektionismusversuch mit dem Ziel oder Ansatz, alles richtig zu machen. Das ist natürlich eine energieraubende Einstellung. Natürlich, wenn man ein Unternehmen hat oder wenn man eine gewisse Selbstanalyse vornimmt, muss man auch über die Dinge nachdenken, die nicht optimal gelaufen sind, und daraus Rückschlüsse ziehen. Aber insgesamt, auf dem Weg zum nächsten Zwischenziel, sollte man sich bewusst sein, dass man zahlreiche Arbeitspakete bereits weggearbeitet hat und sich diese auch positiv ins Pflichtenheft schreiben.

Wenn Sie also zum Beispiel die letzten vier Wochen sehr fleißig waren, regelmäßig früh aufgestanden sind, Ihre Lern-

und Arbeitsziele, Ihre Präsentation, Übungen, was auch immer abzuarbeiten war, durchgeführt haben, dann haben Sie in dieser Zeit einiges erreicht , darauf können Sie stolz sein und müssen sich auch diese Leistung und Leistungspakete, an die Sie ein Häkchen dranmachen können, auch positiv visualisieren. Das hebt die Stimmung, macht einem noch mal deutlich, dass man eben in den letzten Wochen fleißig und produktiv war, und wenn eben ein paar Sachen dabei waren, die nicht so funktioniert haben, selbst wenn es ein brachialer Misserfolg war, verlieren sie nicht den Humor, ja, Humor ist, wenn man trotzdem lacht, und versuchen Sie, mit einer sachlichen Reflexion die Ursachen zu identifizieren, damit Sie es beim nächsten Mal besser machen oder sich dieser Fehler möglichst nicht wiederholt.

Manchmal sind die Gründe, dass zu wenig Zeit war, dass die Planung zu ambitioniert war, und so kann man aus kleinen, mittleren und großen Niederlagen seine Schlüsse ziehen. Trotzdem, denken Sie an die vielen Dinge, die Sie sehr gut gemacht haben, an Ihr Engagement, an Ihre Einstellung, und loben Sie sich auch, damit Sie immer die positive Grundeinstellung behalten. Das ist das Fundament, aus dem Sie die Kraft schöpfen, weitere Planungen zu machen und diese dann auch umzusetzen. Das Schöne an der 95/5-Regel ist, ich persönlich kenne niemanden, der dauerhaft eine 100/0-Situation herbeiführen konnte. Ein bisschen Schwund ist immer, ob Sie jetzt unternehmerisch aktiv sind, ob Sie angestellt sind, lernen oder im privaten Umfeld. Das sogenannte „Perfekte" sollte man natürlich irgendwo im Hinterkopf haben, visualisiert, aber man darf nicht, wenn man 5 % Abweichung hat im Bereich seiner Zielsetzung und Umsetzung, ein Drama daraus machen. 95 % ist schon ein sehr guter Wert, und ich persönlich habe sehr, sehr lange gebraucht, um bei meiner persönlichen Zielplanung und Umsetzung in diesen Bereich überhaupt zu kommen. Es gab auch Zeiten, da war es eben „fifty-fifty" oder „fünfundsiebzig-fünfundzwanzig" und es dauert eine gewisse Zeit, bis man sich da einpendelt. Bleiben Sie mit Ihrem Fokus immer auf dem Positiven.

5.2 Disziplin und Kontinuität

Viele Mythen drehen sich um das Wort Disziplin, und man bekommt aus allen möglichen Richtungen unterschiedliche Definitionen. So erinnere ich mich beispielsweise an ein Video aus dem Internet, wo ein ranghoher General seinen Zuhörern erzählt: „Ja, Sie müssen jeden Morgen ihr Bett perfekt herrichten, nachdem sie aufgestanden sind. Und wenn Sie nicht imstande sind, Ihr Bett quasi annähernd perfekt zu hinterlassen, wenn Sie daran schon scheitern, wie wollen Sie dann etwas im Leben erreichen oder die Welt verändern?"

Ich habe in meinem Leben noch nie das Bett ordnungsgemäß hinterlassen und trotzdem hat es mit dem Beruf und privat gut funktioniert. Und ja, selbst mein Vater versuchte, mir in der Jugendzeit Disziplin beizubringen, indem er sonntagmorgens um sieben Uhr mir die Decke wegzog und das Fenster aufriss und sagte: „So, aufstehen und was machen".

In meiner Wahrnehmung stehen diese Aktivitäten in keinem direkten kausalen Zusammenhang zu einem Erfolgsfahrplan, denn ohne ein individuelles Zeitflussdiagramm und die entsprechende Umsetzungsstrategie, eingebettet in ein Gesamtkonzept, bei dem Sie zu einer permanenten Lern- und Arbeitsmaschine werden und sich von Jahr zu Jahr verbessern, bringen diese kleinen Impulse nichts. Es suggeriert sogar den falschen Eindruck, als wäre das Erfolgskonzept so einfach, wenn man früh schlafen geht oder sein

Bett perfekt macht, nachdem man aufgestanden ist oder sonntags sehr früh aufsteht, als wäre mit diesem Einzelimpuls alles gelöst. Dem ist natürlich nicht so. Disziplin spiegelt sich oft auf verschiedenen Ebenen:

Disziplinieren Sie Ihre Gedanken
Disziplin heißt auch, Kontrolle darüber zu erlagen, was man denkt, wie man denkt und wie man sich selbst wertschätzt und einschätzt. Das kennen Sie sicherlich auch. **Positives Denken** ist nicht einfach ein flapsiger Ausdruck, sondern Sie müssen sich in eine positive Grundstimmung bringen, in der Sie fest daran glauben, dass Sie die gesetzten Ziele erreichen, und auch Vertrauen in sich selbst haben, dass Sie alles Erforderliche umsetzen und einsetzen, um diese Ziele und die Kaskade, ein Ziel nach dem anderen zu planen und umzusetzen, erfolgreich erbringen werden. Sie sind für Ihren Geisteszustand selbst verantwortlich und nur Sie können diesen Zustand verändern. Wenn Sie in einer Hochphase sind, sich fit fühlen, positiv motiviert sind, vielleicht in einer Phase kurz nach einem Erfolgserlebnis, dann könnten Sie jubelnd durch die Straßen rennen und Ihr Glück rausschreien. Und wenn der letzte Erfolg länger her ist und Sie befinden sich in einer schwierigen Situation, dann besteht immer die Gefahr, dass man ein bisschen depressiv oder negativ denkend wird, und dies äußert sich natürlich auch in der körperlichen und mentalen Verfassung. Dem müssen Sie entgegenwirken, das heißt, Sie müssen diszipliniert sein, wenn Sie merken, dass Sie anfangen, zu zweifeln oder Bedenken aus Ihrem Umfeld an sich rankommen lassen und nicht mehr abprallen lassen.

Dann ist es Zeit, diszipliniert wieder Richtung positives Denken zu gehen und sich zu visualisieren, dass Sie das Ziel erreichen werden, und Vertrauen in sich haben. Das ist natürlich anstrengend, aber unumgänglich. Nicht nur körperliche Arbeit oder Fitnesstraining sind anstrengend, sondern auch Kontrolle über den mentalen Gesamtzustand, sich selbst immer wieder positiv zu inspirieren, sich selbst zu motivieren und die Gedanken diszipliniert zu kontrollieren.

Es macht einen Unterschied, ob Sie positiv-optimistisch und voller Tatendrang sind oder ob Sie sich selbst schon aufgegeben haben und nicht mehr dran glauben, Ihr Ziel zu erreichen. **Sie dürfen niemals aufgeben.** Und diese mentale Disziplin ist manchmal anstrengender als körperliche Arbeit. In Phasen, wo man sich mental nicht so fit fühlt und das Gefühl hat, nicht so motiviert zu sein, empfehle ich die sog. „Salami-Taktik". Das heißt wirklich, dass man Schritt für Schritt geht und nicht darüber nachdenkt: Werde ich das Ziel erreichen oder nicht? Sind die Wahrscheinlichkeiten hoch, dass ich es erreiche oder nicht? Sondern mich auf das Tagesgeschäft konzentriere, das heißt, ich habe mein Zeitflussdiagramm, ich weiß, was ich an diesem Tag bzw. an dieser Woche an Arbeit- und Lernleistung vollbringen muss, und konzentriere mich darauf, eben in den nächsten ein, zwei, drei Tagen den Umsetzungsplan durchzuführen. Und so wie sich ein Eichhörnchen Nuss für Nuss vornimmt, so arbeiten wir uns Schritt für Schritt, von Tag zu Tag, von Woche zu Woche voran. Und wenn wir es durchziehen, dann ist die Wahrscheinlichkeit hoch, dass am Ende dieser Handlungskette der Erfolg steht.

Man hört oft, dass gerade Hochleistungssportler davon erzählen, aber auch sehr erfolgreiche Menschen im Beruf, dass sie sich ihren Erfolg visualisieren, dass sie verschiedene Visualisierungstechniken nutzen. Sie stellen sich einen bestimmten Bewegungsablauf vor oder ein bestimmtes Ereignis. Wie auch immer die Technik sein mag, letztlich geht es darum, sich in eine positive Grundstimmung zu bringen, die geprägt ist von Optimismus, Zuversicht, Selbstvertrauen und Wertschätzung. Meine persönliche Überzeugung ist, dass bei der Vielzahl von Techniken und Methoden, die angeboten werden, eigentlich jeder für sich selbst am besten weiß, was für ihn der richtige Trigger ist. Denn keiner kennt einen so gut wie man sich selbst. Ich würde einfach empfehlen, in sich reinzuhorchen, sich immer wieder klarzumachen, dass man ein positiver Mensch ist mit einem Ziel, dass man sich dieses Ziel auf dem Zielflussdiagramm aufgeschrieben hat, was man dafür leisten muss, was man dafür opfern muss, und das eben in der Umsetzungsphase durchzuziehen.

Dann kommt die positive Grundstimmung ganz von selbst, denn man sieht Tag für Tag, dass man diese Umsetzung vollbringt. Damit steigt auch das Selbstvertrauen und das führt am Ende zum Erreichen des Ziels. Manche stehen morgens auf und schauen in den Spiegel, motivieren sich ein paar Minuten, andere essen etwas Bestimmtes und wiederum andere gehen morgens laufen, machen Sportübungen oder beschäftigen sich anderswie. Mit der Zeit entwickelt man einfach eine Systematik, um sich von Tagesbeginn über den Tag bis zum Schlafengehen in einer überwiegend positiven Stimmung zu halten. Und dafür muss man auch einfach die Vogelperspektive einnehmen und sich drüber klar sein, dass man auf dem Weg zum nächsten Ziel ist, was ja auch sehr schön ist. Genießen Sie Ihre ganz persönliche Abenteuerreise!

Die Disziplin, sich dauerhaft in einem positiven Mindset aufzuhalten, kann natürlich sehr anstrengend sein. Sie können sehr stolz auf sich sein. Vergegenwärtigen Sie sich, was Sie bisher geleistet haben, was Sie leisten und was Sie leisten werden, was das für Sie, für Ihre Familie für eine Bedeutung hat und welche Möglichkeiten vor Ihnen liegen. Und Sie können davon ausgehen, dass das menschliche Gehirn alles erlernen kann und dass Sie als Person gründen, Leistungen vollbringen können und dass es kaum Limitationen gibt. Es gibt natürlich Limitationen, nicht jeder wird Nobelpreisträger und nicht jeder kann ein Unternehmen wie Facebook oder Google gründen. Aber es gibt Hunderttausende von beruflichen Karrieren und von privatem Glück, sodass Sie nicht zu den Olympiasiegern gehören müssen, um ein beruflich und privat glückliches Leben zu führen. Sondern Sie müssen einfach durch Zielstrebigkeit, Disziplin, Fleiß, Belastbarkeit und Optimismus, Tatendrang und Zuverlässigkeit Tag für Tag in Richtung Ihres gesetzten Zieles hinwirken und werden es dann auch erreichen.

Das ist eine fantastische Nachricht. Sie müssen also nicht wie im Sport das Champions-League-Finale gewinnen oder Bundesligameister werden, auch müssen Sie die 100 Meter nicht unter zehn Sekunden laufen oder Speere und Kugeln werfen, sondern Sie können sich einfach zu der Gruppe von mehreren hunderttausenden sehr erfolgreichen und privat glücken Menschen einreihen, die das in den letzten Jahrzehnten vorgemacht haben und auch in den nächsten Jahrzehnten vormachen werden. Sie sind nicht alleine unterwegs und Ihre Aufgabe ist es, neben der Disziplin im Umsetzungsplan Tag für Tag das umzusetzen, was Sie sich mit dem Zeitflussidiagramm geplant und vorgenommen haben, auch Ihre Gedankenwelt zu steuern.

Dazu gehört auch, stolz auf sich selbst zu sein, sich selbst wertzuschätzen und sich selbst gegenüber im Sinne einer Selbstfürsorge die Anerkennung, Wertschätzung und Würde zuzustehen, die eigentlich jedem zusteht. Sie müssen das auch aus der Perspektive des Potenzials betrachten: **Sie haben enormes Potenzial.** Und genauso, wie nichts älter ist als der Erfolg von gestern, sage ich immer: Nichts ist älter als der Misserfolg von gestern. Nur, weil Sie einige Misserfolge gehabt haben könnten, können Sie sich dafür in der Gegenwart und Zukunft nichts kaufen. Genauso können Sie sich für den Erfolg der Vergangenheit nichts kaufen. Es ist wie im Sport: Die letzte Saison ist die letzte Saison, es beginnt ein neues Kapitel und Sie können aktiv gestalten, die Geschichte neu schreiben.

> **Tip**
> Die Zukunft ist noch nicht geschrieben und Sie haben in Kombination mit Ihrem Potenzial, Ihrer Zielstrebigkeit und Ihrem Fleiß alle Möglichkeiten. Im Zeitalter der digitalen Transformation hat sich eigentlich nichts daran geändert, dass Fleiß, Zielstrebigkeit, Zuverlässigkeit, Belastbarkeit und Pünktlichkeit immer noch die Tugenden sind, mit denen es sich zum Erfolg arbeiten lässt. Daran hat sich auch in den digitalen Zeiten nichts geändert.

Wie Sie lesen können, ist Disziplin auch die Frage, ob Sie imstande sind, sich mental selbst zu programmieren und in einem dauerhaften positiv leistungsbereiten Modus zu halten. Am besten kann man das auch dadurch unterstützen, dass man einfach Entscheidungen trifft, die einem praktisch ein **Disziplinkorsett** aufsetzen.

Beispiel: Wenn ich das Problem habe, dass ich am Wochenende nichts gebacken bekomme, dann muss ich jetzt die Entscheidung treffen, dass es keine Fünftagewoche gibt, sondern dass es ab sofort eine **Siebentagewoche** gibt. Ihre Arbeitswoche besteht aus sieben Tagen. Es ist egal, welcher Tag es ist, an jedem Tag sind Sie produktiv. Es kann sein, dass Sie am Samstag eine andere Produktivitätsstrategie entwickeln wie am Donnerstag, wo Sie vielleicht angestellt in einem Unternehmen arbeiten oder in Ihrer eigenen Firma. Wenn Sie selbstständig sind, sind Sie sowieso immer selbst und ständig, da ist ja sowieso rund um die Uhr Einsatzbereitschaft gefragt. Dann sind Sie vielleicht nicht mit den Kunden unterwegs, aber dann sind Sie in Gedanken. Konzeptionelles Denken oder strategische Überlegungen sind dann Teil der Arbeitszeit. Aber Sie sollten sich als erstes darüber klarmachen, ob Sie die Entscheidung treffen können, dass Sie für die nächsten Jahre die Siebentagewoche für sich etablieren.

Damit haben Sie ein Disziplinkorsett. Das heißt, es stellt sich gar nicht die Frage: Habe ich ein unproduktives Wochenende vor mir? Sondern Sie wissen, Sie müssen an jedem Tag Gas geben. Denn umgekehrt zwingt Sie das, wenn Sie wissen, dass Sie an einem Tag gar nichts machen, außer es ist ein Tag, an dem Sie sich belohnen für eine vorangegangene Leistung, ein Arbeitspaket oder ähnliches, dann werden Sie zwangsläufig ein unangenehmes Gefühl spüren. Und dieser emotionale Trick zwingt Sie dazu, dann doch irgendetwas zu machen. Willkommen in der Siebentagewoche. Probieren Sie es aus! Schlimmstenfalls sind Sie der Typ für die 6-Tage-Woche.

In der Literatur finden sich unterschiedliche Ansichten zum Themenfeld der Disziplin. So beschreiben Baumeister und Tierney (2012) die Macht der Disziplin und die Trainingsmöglichkeiten unseres Willens, während andere Autoren (Brumlik 2007) Missbrauchsgefahren und übertriebene Erwartungen an erziehungspsychologischen Effekten thematisieren. Probleme mit Disziplin in der Schule (Rüedi 2002; Hoffmann 2009), bei der Klassenführung und Gewaltprävention bis hin zur Disziplin in der ehemaligen DDR (Krüger und Marotzki 1994) zeigen die ganze Breite des Feldes der Disziplin. In diesem Buch geht es um die Disziplin als Verhaltensgrundlage für privaten und beruflichen Erfolg, dauerhaft und nachhaltig. Und aus diesem Blickwinkel betrachten wir die Wichtigkeit, täglich diszipliniert seine Arbeitspakete abzuarbeiten, um die selbst gesetzten Ziele zu erreichen.

Burghardt (2015) zeigt, dass Disziplin und Gelassenheit keine Gegensätze darstellen, um erfolgreich zu sein. Covey (2018) führt die Effektivitätssteigerung auf Disziplin und Planung zurück, Gross und Jungbauer-Gans (2007) zeigen bei Wissenschaftskarrieren den Faktor Disziplin als einen Baustein des Erfolgs. Lasko et al. (2005) sehen für Disziplin eine totale Selbstverantwortung beim Individuum, Hruschka et al. (2009) untermauern dies durch die Einschätzung, dass nur eiserne Disziplin zu langfristigem Erfolg führt und Loch (1997) befasst sich bei „Disziplin oder Flexibilität" mit den Interpretationsspielräumen der Umsetzung von Disziplin im Bereich Innovation, Wachstum und Wirtschaft. Sie sehen somit, nur eine disziplinierte Zeit-, Planungs- und Umsetzungsstrategie führt bei privaten und beruflichen Zielen zum Erfolg. Flexibilität und situative Anpassungen gibt es immer, jedoch entbindet dies nicht davon, täglich am Ball zu bleiben und selbst die Verantwortung zu übernehmen.

Perspektivenwechsel

1. **Setzen Sie sich hohe Ziele**

Es besteht immer die Möglichkeit, zu scheitern, aber viel dramatischer ist doch, Jahre später zurückzuschauen und sich zu fragen: Was wäre gewesen, wenn? Meine persönliche Erfahrung ist, dass unabhängig vom Projektziel man auf dem Weg dahin und auch nach dem Projekt unabhängig vom Ergebnis viel dazulernt, sein Netzwerk erweitert hat und mit neuem Elan ins nächste Projekt gehen kann. Insofern verliert man weder Zeit noch Energie, selbst wenn, im schlimmsten Fall, man gescheitert ist. Vielmehr hat man eine Lernkurve, eine Lerneffizienz, ein erweitertes Netzwerk und kann auf diesem neuen Fundament dann die nächsten Angriffe aufbauen.

2. Bereitschaft, alles zu geben

Als ich berufsbegleitend meine erste Doktorarbeit in der Abteilung für Mund-, Kiefer- und Gesichtschirurgie geschrieben habe und damals während der Neugründung meiner Zahnarztpraxis in Leverkusen die ersten Jahre am Montag und Mittwoch von 08:00 bis 20:00 Uhr gearbeitet habe, war ich abends so müde, dass ich es kaum geschafft habe, die Doktorarbeit weiterzuschreiben. Dann habe ich mich entschieden, direkt nach Arbeitsschluss in der Praxis zu bleiben und noch zwei Stunden an der Doktorarbeit zu schreiben, habe in der Praxis geduscht und auf der Couch geschlafen. Und das habe ich zweimal die Woche über 3 Jahre montags und mittwochs so gemacht und konnte so meine Produktivität beim Schreiben der Doktorarbeit etwas steigern.

Zu der damaligen Zeit war ich zusätzlich auch an den Wochenenden auf Fort- und Weiterbildungen, wo dann auch manchmal die Zeit fehlte, an der Doktorarbeit weiterzuschreiben. Ich habe mir dann nach der Doktorarbeit für 5 weitere Jahre angewöhnt, mindestens zweimal die Woche in der Praxis zu übernachten, und bin dann morgens um sieben aufgestanden, habe in der Praxisdusche geduscht. Ich hatte neue Klamotten dabei und habe dann eben die Zeit auch gespart, nach Hause zu fahren und morgens wieder hinzufahren. Insofern war das damals während dieser mehrjährigen Phase meine Weise, auf diese Problematik zu reagieren. Und diese Disziplin, alles zu tun, um dem Ziel näher zu kommen, erfordert eben Disziplin, und das spiegelt sich in Entscheidungen wider, die dann unangenehm sind auf eine gewisse Art und Weise.

Auf der Couch schläft man nicht so gut. Man ist in so einem großen Gesundheitshaus, in dem ich die Praxis habe, nachts oft etwas nervös, weil man fühlt sich in so einem großen Komplex so ein bisschen verloren und schläft auch ein bisschen hellhörig, ob da irgendjemand nachts um die Praxis schleicht oder nicht. Aber letztlich, nachdem dieses Ziel erreicht wurde, blickt man zurück und lacht in sich hinein, was es eigentlich für eine spannende und herausfordernde Zeit war, die ganz persönliche Reise. Die Zeit verfliegt rückblickend betrachtet immer viel zu schnell, und es sind gerade diese persönlichen Opfer oder das Engagement, das man gebracht hat, die einem die Erinnerung etwas versüßen. Man hat nämlich wirklich alles gegeben und dann ist es umso schöner, wenn man das Ziel erreicht hat.

3. Die Kraft der Gedanken

Ich habe mal im Silicon Valley (USA) 2015 einen Unternehmensgründer kennengelernt, der mir gesagt hat: „Ja, das, was diese Umgebung in Stanford und in der San Francisco Bay Area schafft, ist, dass eine so positive Lebensstimmung entsteht, dass die Leute nicht nur rund um die Uhr an ihren Projekten arbeiten, sondern so euphorisiert sind von den Projekten, an denen sie arbeiten, dass sie sogar nachts davon träumen, also dass man praktisch „110 Prozent" Zeitintensität erzeugt, wenn man in der Wachzeit an den Projekten arbeitet und sogar nachts davon träumt."

Das mag jetzt etwas übertrieben klingen und nicht jeder ist Unternehmensgründer, aber das Ziel ist, dass Sie Ihre Gedanken disziplinieren, positiv denken und nicht daran zweifeln, Ihre Ziele zu erreichen. Sie können sich für sich, Ihre Projekte und andere begeistern. Eine exzellente Basis für ein tolles Mindset.

4. Begrenzte Lebenszeit

Die Lebenszeit ist begrenzt und somit ist auch die Zeit begrenzt, seine Träume und Visionen zu verwirklichen. Wollen Sie sich wirklich von äußeren Rahmenbedingungen und dem, was andere denken, davon abhalten lassen, Ihr Ziel zu erreichen? Das kann nicht Ihr Ernst sein.

Etablieren Sie eine mentale Härte, sich selbst gegenüber. Das hat nichts zu tun mit Menschen, die außen um Sie herumschwirren oder mit irgendwelchen Außeneinflüssen. Das ist hier eine Ich-zu-Ich-Geschichte. Sie müssen hart zu sich selbst sein. Versuchen Sie, alles, was schlechten Einfluss auf Ihre positive Grundverfassung hat, zu meiden. Das kann depressive Musik sein, das können schlechte Nachrichten sein, das kann sein, dass Sie sich mit Leuten aktuell umgeben, die Sie mental runterziehen , die alles düster sehen und den ganzen Tag eigentlich nur jammern und meckern und alles schwer sehen, oder eben Menschen, die Ihnen irgendwas nicht zutrauen.

Sie müssen sich selbst fordern, den aus dem Zeitflussdiagramm abgeleiteten Umsetzungsplan gnadenlos umzusetzen. Sie müssen sich zur Siebentagewoche bekennen und dem Willen, eine radikale Lern- und Arbeitsmaschine zu werden. Niemand außer Ihnen selbst kann es für Sie tun! Wer soll Sie da noch aufhalten?

Es ist eine Wettbewerbssituation und wenn Sie heute scheitern, sagt das nichts darüber aus, was morgen ist. Ich habe in den letzten 15 Jahren glücklicherweise oft die USA, Asien, Südafrika und Europa bereist und private und akademische Innovationsumgebungen besuchen dürfen. Dort habe ich sehr viele Menschen kennengelernt, unterschiedlichen Alters, 20-, 30-, 40-, 50-, 60-, 70-, 80-Jährige, die auf ihre Art und Weise mit ihren Erfahrungen der Selbstverwirklichung ihrer Träume und Visionen, ihrer Ziele, seien es Unternehmensgründungen, seien es akademische Laufbahnen, seien es wissenschaftliche Projekte umgesetzt haben. Und Scheitern war immer mit auf der Liste, und die Lebenswege sind ganz unterschiedlich gewesen. Manche mussten das Land wechseln, manche mussten die Branche wechseln, manche haben mehrere Projekte gehabt, die nicht gut liefen. Und trotzdem haben alle auf ihre Art und Weise zum Erfolg gefunden, weil sie diszipliniert ihre Gedanken positiv kontrolliert haben, immer an sich geglaubt haben und letztlich auch täglich ihr Arbeitspaket abgeliefert haben, um Schritt für Schritt auf das Ziel, das sie sich gesetzt haben, zuzugehen und es dann zu erreichen.

Projektabbruch ist manchmal auch ein Thema. In der Wirtschaft wird gesagt, dass manchmal ein Projektabbruch kostengünstiger ist, als ein Projekt gnadenlos durchzuziehen. Aber diese Projektabbruchtheorie oder diese Plan-B-Theorie sollten Sie gar nicht auf Ihrem Radar haben, sondern Sie sollten Ihre Zeit gut einteilen, Sie sollten dann in der Umsetzungsphase hart zu sich selbst sein und das, was Sie sich für den Tag und die Woche als Arbeitspaket vorgenommen haben, aus der Planung heraus umsetzen und entsprechend auch radikal sich dazu bekennen, dass Sie ein Ziel haben und dass Sie bereit sind, dafür alles zu geben. Ich kann Ihnen aus eigener Erfahrung sagen: Ich bin jetzt 50 und habe verschiedene akademische Ziele erreicht, verschiedene unternehmerische Aktivitäten für mich erfolgreich abgeschlossen und habe jetzt für die nächsten Jahre die nächsten Ziele auf dem Radar, und diese Strategie, gute Planung, gute Darstellung in Schriftform und dann wirklich konsequent Tag für Tag das Arbeitspaket abzuliefern. Und wenn mal ein Tag dabei ist, der nicht gut war, oder eine Woche, wo man vielleicht krank ist oder es nicht läuft oder aus welchen Gründen auch immer, dann die nachzuholenden Arbeitspakete auf die Folgewochen verteilt und immer sieht, dass man bis zum Schluss, bis zum letzten Tag konzentriert bleibt, fokussiert und das Ziel erreicht.

Wenn man das einmal durchgezogen hat, dann hat man viel Selbstbewusstsein und kann die nächsten Ziele noch entspannter und souveräner angehen. Es ist wie eine Lawine, Sie arbeiten sich Ziel für Ziel durch und ehe Sie sich versehen, sind zehn, 20 Jahre rum und Sie denken sich: Wow, das habe ich alles gepackt, Wahnsinn. Gestern war ich noch Schüler und heute bin ich schon Unternehmensgründer, leitender Angestellter in einem Unternehmen oder engagiere mich sozial.

Unabhängig davon, wie die Ziele sind, die Ziele sind so bunt wie das ganze Leben, wie die Natur um uns rum. Sie haben die Power und das Potenzial, aber Sie müssen Ihre Gedankenwelt diszipliniert kontrollieren und sich durch positive Gedanken und positive Selbstreflexion immer in dem Zustand der Aktivität und der Zuversicht halten, dann klappt das. Die Essenz ist letztlich, dass das Leben viel zu kurz ist im Vergleich zu dem, was wir alles machen und erreichen möchten. Und es ist schön, es hält einen in Spannung, sich immer wieder neue Ziele zu setzen und daran zu arbeiten. Es ist eine spannende Reise, ein Abenteuer. Man lernt sich selbst besser kennen, man verändert sich und mit den Jahren wird das persönliche Potenzial offengelegt. Denn die Benchmark ist nicht das, was andere meinen oder was andere einem zu den Erfolgserlebnissen sagen, sondern:

- **Wie viel vom persönlichen Potenzial konnte man umsetzen und materialisieren?**

Das ist eigentlich die viel spannendere Frage, herauszufinden, was in einem selbst steckt und welche Leistungen und Aktivitäten man über die Jahre alle entwickeln kann, natürlich mit positivem Einfluss auf die Gesellschaft und für Kunden oder Patienten. Aber letztlich ist das Fundament eben eine disziplinierte mentale Stärke, bei der Sie sich selbst gegenüber knallhart sind und das umsetzen, was Sie geplant haben.

5 Die Entscheidung für den persönlichen... 151

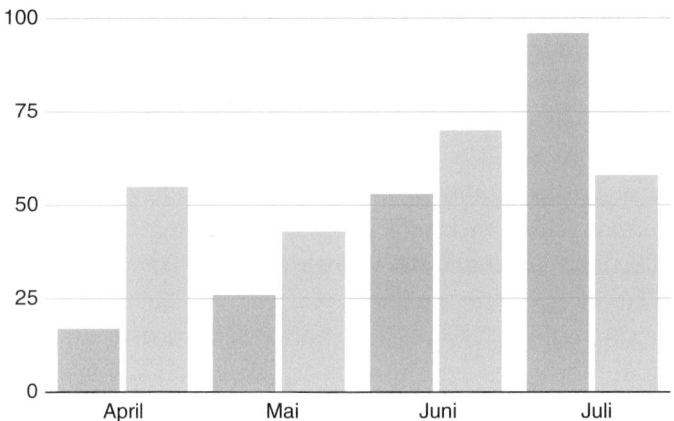

Abb. 5.1 „Dokumentation ist Trumpf" nach Plugmann (eigene Darstellung)
Diese Abbildung soll Sie daran erinnern, Buch zu führen über Ihre Performance, damit Sie immer die Übersicht haben.

Abb. 5.1 soll Sie motivieren, Buch zu führen, wie viel Prozent der Aufgaben Sie erfüllt haben und wie zufrieden Sie mit Ihrer eigenen Leistung sind. So behalten Sie die Übersicht.

5.3 Das nächste Ziel: Nichts ist älter als der Erfolg von gestern!

Nun haben Sie das Ziel erreicht, herzlichen Glückwunsch. Ihr Engagement, der unentwegte Einsatz Tag und Nacht, an den Wochenenden und in den meisten freien Minuten, die Anstrengungen, Erschöpfungs- und Regenerationsphasen waren das Fundament und darauf können Sie jetzt zurecht stolz sein. Genießen Sie diesen Augenblick hinter der Ziellinie, den Erfolg, und machen Sie sich bewusst, was Sie geleistet haben. Jetzt ist ein guter Moment für eine Belohnung!

Um den Spannungsbogen weiter aufrecht zu erhalten ist es notwendig, den Fixstern, das große übergeordnete Ziel, weiter im Kopf zu haben und als Magnet zu nutzen. Nichts ist älter als der Erfolg von gestern, das nächste Ziel wartet. Wenn Sie jetzt stagnieren und sich auf den gestrigen Erfolgen üppig ausruhen, beginnt der Abstieg. Die Konkurrenz schläft nicht, die Märkte sind global rund um die Uhr unter Feuer und das nächste Start-Up oder der direkte Wettbewerber um die Ecke warten nur darauf, dass Sie in eine selbstgefällige überhebliche Selbstüberschätzungsphase übergehen und somit nachlässig und weniger zielstrebig werden. Eine Gefahrenquelle für den Leistungseinbruch nach dem Erreichen eines Zieles, welches Sie auf dem Weg zu Ihrem Fixstern erreicht haben (Ziel als Zwischenziel oder Etappe), ist, dem Lob seines privaten und beruflichen Umfeldes zu erliegen. Kommentare wie „Wie machst du das?", „Klasse, du bist Spitze" oder „Hat dein Tag 48 Stunden?" sollten Sie positiv zur Kenntnis nehmen und gerne das Wissen über Ihre persönliche Arbeits- und Lernweise weitergeben, aber bitte nie abheben. Sobald Sie die Spannungs- und Wettbewerbsmodusebene verlassen, werden Sie nicht mehr fokussiert, zielstrebig und angriffslustig.

Sie sollten auch den Augenblick nutzen, um Menschen, die Ihnen zu diesem sensationellen Erfolg gratulieren und den Eindruck erwecken wollen, es handele sich bei Ihnen und dem Erfolg um Glück oder Zufall, Ihre Perspektive zu berichten. Das hat nochmal den Effekt der Selbstmotivation und Reflektion über Ihre Performance und Ausdauer und steigert das Selbstbewusstsein erneut.

> **Tip**
>
> Berichten Sie, dass Sie viele Jahre auf dieses Ziel hingearbeitet haben und dieses aktuell erreichte Ziel als Zwischenziel zu betrachten ist. Es sei eben wie bei einer Zugfahrt, nur eine Station von vielen, die da noch kommen und Sie wären auf dem Weg, Ihr eigentliches Potenzial zu entfalten. Legen Sie dar, dass, während andere in den vergangenen Jahren Urlaub, Party oder ein stressfreies Leben genossen haben, Sie unter maximaler Anstrengung Woche für Woche, Monat für Monat und Jahr für Jahr Vollgas gegeben haben, Entbehrungen und Verzicht akzeptiert haben und erschöpfungsnahe Zustände regelmäßig ertragen haben. Und das alles ohne Erfolgsgarantie oder sonst eine Absicherung. Sie haben sich Ihr Ziel hart erarbeitet, indem Sie vor Jahren entschieden haben, eine permanente Lern- und Arbeitsmaschine zu werden, 7 Tage die Woche produktiv zu sein, Ihr Netzwerk zu pflegen und sich von „toxischen Personen" zu trennen. Sie haben an Ihrer Disziplin, Selbstmotivation und Willen kontinuierlich gearbeitet. Sie sind gelegentlich gescheitert oder nicht weitergekommen und haben nie aufgegeben. Sie wissen heute, dass Sie nur einen Bruchteil Ihres persönlichen Potenziales ausgeschöpft haben.

5.4 Jetzt hängt alles von Ihnen ab – geben Sie Vollgas!

Wir sind am Ende dieses Ratgebers angelangt. Ich hoffe es waren einige Impulse für Sie dabei, die Ihnen Energie liefern, einen Raketenstart zu Ihrem Fixstern zu ermöglichen.

Zum Schluss noch ein paar Zeilen für Ihren Weg in die Zukunft: Als Kinder haben wir Träume, als Jugendliche Ideen und während der Ausbildung oder des Studiums kommen diese „Träume & Ideen" in allen Variationen wieder. Dann sind wir 25 oder 30 Jahre alt und durch unsere Erfahrungen und Begegnungen mit Menschen in einer gewissen Art und Weise programmiert. Sie haben das Recht, diesen Abschnitt emotional aus Ihrem Gehirn zu löschen, verdrängen und ignorieren. Es zählt ausschließlich Ihre Entscheidung in der Gegenwart, wie Sie sich neu erfinden, das Verhalten ändern und starten, eine permanente Lern- und Arbeitsmaschine zu werden. Sie finden den Ausdruck „Maschine" unromantisch?

Denken Sie dran, es ist eine Geisteshaltung. Klar sind Sie keine Maschine oder ein Roboter, und das Leben besteht aus zahlreichen Facetten, Lebensabschnitten und persönlichen Gestaltungspräferenzen. Es ist ein Mindset, ein Gedankenmodell, eine Kommunikationsebene mit sich selbst, um sich hohe Ziele zu setzen und durch radikale Umsetzung der dafür notwendigen Ziel- und Planungsvoraussetzungen, diese selbst gesetzten Ziele zu erreichen.

Lassen Sie sich von Nein-Sagern, Jammerlappen, Nörglern, Neidern, Menschen, die negative Energie versprühen, und durch eigene destruktive Gedanken, nicht abhalten – niemals aufgeben!

Abb. 5.2 fordert Sie zum Schluss auf, Ihr Mindset zu transformieren. Schauen Sie sich den FIXSTERN an, was oder wen sehen Sie? Denken Sie dran, im Kern geht es um Sie:

Der Weg zum Ziel ist für die meisten Menschen, meine Person eingeschlossen, ein jahrelanger harter, steiniger und herausfordernder Weg. Es gibt keine Garantie für ein langes Leben, Glück, Spaß oder Erfolg. Und niemanden interessieren Ihr Leben und die Ziele, die Sie erreichen möchten, wirklich. Sie sind alleine auf sich gestellt, auch wenn Sie ein Netzwerk haben. Die Glanzmomente finden alleine und ohne soziale Medien statt, wenn Sie alleine nachts um 2 am Schreibtisch sitzen und lernen, morgens um 5:30 auf-

Abb. 5.2 „FIXSTERN – Transformation des Mindsets" nach Plugmann (eigene Darstellung). Diese Abbildung zeigt Ihnen Ihren FIXSTERN. Transformieren Sie Ihr Mindset!
Wenn Sie den FIXSTERN lang genug anschauen, was oder wen sehen Sie?

stehen oder die Entscheidung treffen 2 Jahre auf Urlaub zu verzichten, um die dadurch frei gewordenen Finanzmittel für ein berufsbegleitendes Studium einzusetzen. Sie können diesen Ratgeber lesen, mit Ihrem Netzwerk Erfahrungen austauschen und mit Freunden und Familie philosophieren, jedoch **müssen Sie den letzten Meter alleine gehen – Ihr Leben, Ihre Entscheidung! Jetzt hängt alles von Ihnen ab – geben Sie Vollgas!! Viel Erfolg!!!**

In 2022 werden wir Webinare und Seminare zu diesem Themenkomplex organisieren, wir sehen uns. Bleiben Sie hart, Sie sind im Wettbewerb mit sich selbst, Zeit für Action, Vollgasmentalität, radikales Zeit-, Planungs- und Umsetzungsmanagement, Trennung von „toxic people", werden Sie zu einer permanenten Lern- und Arbeitsmaschine im 7-Tage-Modus, geben nie auf und ab geht es.

Literatur

Baumeister, R. F., & Tierney, J. (2012). Die Macht der Disziplin: Wie wir unseren Willen trainieren können. Frankfurt a. M.: Campus.

Brumlik, M. (2007). *Durch Unterwerfung zur Freiheit. Bernhard Buebs reaktionäre Vergangenheitsbewältigung.* (S. 52–75). Vom Missbrauch der Diszplin. Weinheim: Antworten der Wissenschaft auf Bernhard Bueb.

Burghardt, B. (2015). Disziplin. In *Gelassenheit gewinnen-30 Bilder für ein starkes Selbst* (S. 65–68). Wiesbaden: Springer Gabler.

Covey, S. R. (2018). *Die 7 Wege zur Effektivität: Prinzipien für persönlichen und beruflichen Erfolg.* Offenbach am Main: GABAL Verlag GmbH.

Gross, C., & Jungbauer-Gans, M. (2007). Erfolg durch Leistung? Ein Forschungsüberblick zum Thema Wissenschaftskarrieren. *Soziale Welt, 58*(4), 453–471.

Hoffmann, C. (2009). *Disziplinschwierigkeiten in der Schule* (S. 21–107). Wiesbaden: VS Verlag für Sozialwissenschaften.

Hruschka, P., Rupp, C., & Starke, G. (2009). Agilität und Disziplin. In: *Agility kompakt. IT kompakt.* Spektrum Akademischer Verlag. https://doi.org/10.1007/978-3-8274-2204-0_5.

Krüger, H. H., & Marotzki, W. (1994). Pädagogik und Erziehungsalltag in der DDR – Eine Einführung. In *Pädagogik und Erziehungsalltag in der DDR* (S. 7–15). Wiesbaden: VS Verlag für Sozialwissenschaften.

Lasko, W. W., Busemann, F., & Busch, P. (2005). Disziplin: Selbstverantwortung. In *Zehnkampf-Power für Manager* (S. 53–66). Wiesbaden: Gabler.

Loch, C. (1997). Disziplin oder Flexibilität? In *Management von Innovation und Wachstum* (S. 184–201). Wiesbaden: Gabler.

Rüedi, J. (2002). Disziplin in der Schule. In *Plädoyer für ein antinomisches Verständnis von Disziplin und Klassenführung.* Bern: Haupt.